孩子到底在想什么

刮刮油 著

中国友谊出版公司

图书在版编目（CIP）数据

孩子到底在想什么 / 刮刮油著. -- 北京：中国友谊出版公司，2021.6
ISBN 978-7-5057-5174-3

Ⅰ．①孩… Ⅱ．①刮… Ⅲ．①家庭教育 Ⅳ．①G78

中国版本图书馆 CIP 数据核字（2021）第 043686 号

书名	孩子到底在想什么
作者	刮刮油
出版	中国友谊出版公司
发行	中国友谊出版公司
经销	新华书店
印刷	三河市嘉科万达彩色印刷有限公司
规格	700×1000毫米　16开
	17.75印张　244千字
版次	2021年6月第1版
印次	2021年6月第1次印刷
书号	ISBN 978-7-5057-5174-3
定价	52.00元
地址	北京市朝阳区西坝河南里17号楼
邮编	100028
电话	（010）64678009

如发现图书质量问题，可联系调换。质量投诉电话：010-82069336

序　言

我为什么开始写？

大约在 2015 年，我开始在豆瓣上写日记；2016 年开始转为在自媒体上写文章。最开始的时候，写作对我来说只能算是一种记录，不为传播，虽然有了一些固定的读者，总归还是停留在自娱自乐的程度。

但几个月后，我写了一篇《回家别告诉你妈》，这是一篇关于"被爹坑"的故事，写的是我小时候跟我父亲的一些互动情景，"击中"了不少人的回忆。大家纷纷围观，希望我多写一些诸如此类充满生活乐趣的故事。后来我开始写起我和两个孩子以及家人们的互动场景，大多数的故事气氛轻松，搞怪、搞笑，渐渐地，看的人也就多了起来。

我收获了很多"哈哈哈"，也乐得做一个生活乐趣的收集者。直到后来有人告诉我："看完你写的文章会笑，笑完之后又想通了一些事，谢谢你。"还有人告诉我："看您写的文章，仿佛看到了小时候的我，这也提醒了我，不要变成自己不喜欢的样子。"

这样走心的回复越来越多，甚至有一些朋友袒露心声，把我这里当成了树洞。

我突然觉得自己做的事情有了一些意义。

于是，就一直坚持了下来。

你的孩子独一无二

很多人问我，亲子关系里重要的是什么。这个问题可以被放得很大，有很多教育专家通过研究，总结出了不少科学理论和方法；也有一些家长竭尽心力去践行各种教育方法——我认为这是家长们对亲子关系的投入，值得尊重。然而我认为，万千种理论总归需要一个基础：你首先要舍得花心思去了解自己的孩子在想什么。

倘若离开这个基础，不区分孩子个体差异而单纯地套用理论，那么你所有投入精力去执行的方法不但有可能失去效果，甚至可能适得其反。孩子不是冷冰冰的机器，你用缺乏个性的程序是运行不起来的。

要知道，你的孩子，是一个有思想的独一无二的个体。

所以我一直抱持一个观点：亲子教育中，你固然得学一些"教育"理论，但更要在亲子关系中摸索经验，找到自己独一无二的方式。

孩子首先是一个"人"

很多家庭在教育中普遍存在一个问题：对孩子缺乏足够的尊重。

家长在孩子面前，会带着一种理所当然的居高临下，说话的语气和用语都不太考虑孩子的感受，不经思考脱口而出。这种自信在成年人的社会生活里基本不存在，这种态度放在任何社会关系中都是奇怪的，然而在亲子关系中却被任性释放，甚至有些肆无忌惮。

这是一件悲哀的事情。我们很多人把所有精力都放在了维护社会关系上，心甘情愿耗费心力去揣测、去琢磨、去取悦，让身边各种关系融洽，并认为这是生活必须要投入的心思。唯独面对自己的孩子时，那种天然的霸道立刻上了身。

我见过因为很小的事情把孩子批评得抬不起头的家长，也见过不就事论事把孩子说得一文不值的家长。

没有人不喜欢自信阳光的孩子，但很多家长却亲手把孩子往黑暗里推。这绝对不是家庭教育的目的。

孩子首先是一个人，你不能因为他是个孩子，就忽略了尊重的意义。

做一个有趣的家长

有一些家长总喜欢端着家长的"架子"，平日与孩子交流时总是过于严肃，他们认为一旦没了这个严肃的形象，教育孩子时难免缺乏威严。这大可不必。你不是孩子的领导，也不是孩子的老师。相信我，孩子也绝对不会希望家里再多一位老师，你只需做他生命中最亲密的伙伴就行了。

即便跳出亲子关系，任何一种想要主动吸引对方关注，让别人喜欢你、信任你、接受你的意愿，也绝不能靠制造权威形象来达成。

很多家长在社会生活中深谙讨喜之道，且明白这是获得好人缘的好办法，却因为亲子关系天生存在、不可分割，便忽略了去做一个让孩子喜欢的人。

任何一段关系，即便是亲子之间，也需要花心思去维护，好的亲子关系不会因为你生出了这个孩子就存在。选择当一个有趣的爸爸或者妈妈，准不会有错。

亲子关系应该是这个世界上最自然和轻松的关系，彼此应该以让对方快乐为相处原则。作为父母，如果不能让孩子喜欢，那拿什么底气来让他认同你呢？

你是家长，也是孩子

我们曾经都是孩子，但可惜的是，很多家长在成年后就忘记了自己孩提时的模样，甚至变成了孩提时自己最讨厌的人。

好家长的难得之处，在于有共情能力。孩子的那些"幼稚""不懂事""不听话"是否事出有因？那些叛逆、顶撞、崩溃，是否情有可原？孩子的表情、语言、动作是否似曾相识？

我们要时刻提醒自己也曾经是个孩子，记得自己孩提时的所感、所想和所受的伤，回忆自己当年对父母的那些期待。在这种心境下，你会发现很多"坏孩子"其实都可以被理解，而这种理解，才是解决问题的关键。

成为自己想要的那种父母，完成自己曾经对父母的期待，是我作为一个父亲要求自己做的最重要的任务之一。

我希望你们也能这样。

写在最后

我是一个不太常规的父亲，所以这是一本不太符合常规的"家教"书。你从里面很难找到什么理论的名称，而只会读到一些故事，看到一些生活片段，但我保证它们绝不枯燥，你甚至在看后会哈哈大笑。

我希望你们真心大笑，然后，用心思考。

这就是我写出它们的愿望和目的。

目 录

1

学习的高山：
孩子不需要家里再多个老师　　　001

"孩子，你为什么不会啊" / 002

如何正确地跟孩子说，你要好好学习啊 / 007

如何在趣味游戏中有效地提高孩子遣词造句的能力 / 015

掩耳盗铃教育法：你马虎了 / 021

学还是不学：引导兴趣更有价值 / 026

不能白玩：别让旅游后的作文变成孩子的噩梦 / 033

教育孩子的同时，你也在被教育着 / 042

2

沟通的代沟：
好的父母，敢于放下家长的身段   **049**

松松言语锁链：勿以科学之名行旧事 / 050
挫折教育：别让自己成为孩子的"挫折" / 055
做孩子的靠山，而不是远离的对象 / 061
家长的一句判断，可能会让孩子自我否定 / 070
幼稚不是犯傻，而是一种思维方式 / 077
解决亲子问题，先解决情绪问题 / 081
合理纠错：在理解孩子的基础上进行 / 089
身为家长，最高的智慧是放下虚妄的身份 / 097

3

我爱你，没条件：
给孩子高质量的爱与陪伴　　　105

我爱你，没条件 / 106

如何"爱"，更重要 / 114

给情感做解绑：让孩子做自己 / 122

懂事的孩子，伤得比较久 / 125

情感富养：高质量陪伴才是孩子渴望的 / 133

如何不被孩子嫌弃 / 143

打开孩子的视角：学会陪孩子做"无用"的事 / 150

父亲的存在感需要用心来刷 / 155

即使翻车，也不能缺失的父爱 / 160

父母是孩子最好的玩具 / 167

演戏：亲子关系升温利器 / 178

老父亲们的境界，都在有了女儿的那一刻升华了 / 185

4

共同成长：
家长与孩子是共生的森林　　　　　**193**

照妖镜：家长的言行，孩子会全方位模仿 / 194

先理解，后育人：生搬硬套的理论会适得其反 / 199

和孩子动手，是家长无法控制情绪的产物 / 205

培养独立人格：每个孩子都有独自探索的欲望 / 212

何为输赢：不是所有孩子都要跑一样的路 / 222

"坏孩子"也有春天 / 227

推己不及人：你对孩子的宠爱，要先分清范围 / 232

5

孩子到底在想什么   **237**

一个面具带来的惨案 / 238

成年人不要老是灵机一动和转念一想 / 244

我是你爸爸，你是我祖宗 / 258

每一位有女儿的中年老父亲，都应当有变成艾莎的觉悟 / 264

1

学习的高山：

孩子不需要家里再多个老师

"孩子，你为什么不会啊"

有一次带儿子上课，进教室时课程还没开始。最后一排坐着一对母女，母亲在指导女儿学习，她用大力金刚指以高频率猛戳桌上的书，发出"咚咚"的巨响，女儿则眉头紧锁做冥思苦想状，不时辅以嘬牙花子之声表达其难以理解之意。可以看出，双方都投入了极大的情绪，令人动容。

我刚把书包放好，那位母亲突然爆出一声怒吼："这有什么难的？你为什么不会啊！"声如洪钟、感情强烈、气息充沛，颇有老艺术家的台词功力。可以听出母亲欲以此问达到令女儿振聋发聩的效果，但效果显然不佳，女儿一副便秘的表情，不知如何回答——然而旁人却遭了殃，在"啊——"带着金属音的回声中，我脚下一崴差点摔倒，我儿子则被吓掉了手里的水壶。

此时，我儿子可能只是单纯地被吓了一跳，而我则被勾起了伤心的往事。

我小时候是属于比较笨的孩子，用稍微正面的话来说就是缺乏灵气。这一缺点最大的表现就是学东西比较慢。比如，在托儿所里，阿姨教《咏鹅》，教了三五遍后，大家基本可以念个七七八八，而我依然记不太清楚，扯着脖子喊完"鹅鹅鹅"后就只好依靠精湛的演技对着口形，滥竽充数地混下去。

1 学习的高山：
孩子不需要家里再多个老师

在练踩镲和三角铁的同奏表演时，也出现了混乱的情况，我经常在需要踩镲的紧要关头秀气地敲起三角铁，或者在大家侧耳倾听，等待一声轻盈的三角铁的时候，我却"咔嚓"踩出一声霹雳。坦率地讲，我花了不少时间才把手脚搞协调，给阿姨和小朋友们添了不少麻烦。

我知道自己有这个毛病，就只好满怀歉意地面对一切新事物的学习，尽量少给别人添麻烦。尽管我认为自己也有优点，比如如何爬到院里那棵树上，我就比别的孩子都强，甚至无师自通，但这点似乎不太值得别人关注。

就这么慢半拍地混完了托儿所，倒也平平安安。但后来，我上学了。

我本以为上了学好歹能混上一段日子，没想到很快就暴露了——在学习如何写数字"8"时，我翻了车。

"8"的正确写法是先下笔完成一个"S"，再自下而上地掐腰勾回去。在这里一本正经地给大家讲解"8"的写法，让我很羞耻，但我不得不这么做，我对诸位的智商绝无藐视之意，因为我需要说清楚我是如何写的。

我在写完"S"的上半部分后，应该往下走笔以完成整个"S"时遇到了麻烦——我无法控制自己的右手执笔下行，必须勾上去完成一个"O"，屡试不爽。这个圈儿画起来极顺手，而且相当圆，无比美观，若是从美术的角度测评，颇具水准，但可惜这是数学。我心里大抵明白我应该怎么写，但一到那个位置，手就像被某种巨大的力量控制，一定要去画完一个圈。

"8"就像一个梦魇一样。

我无法解释我的手为何如此不配合大脑的意识，又怀疑"O"在我生命里是否有特殊的意义，以至于在我心中留下了如此深刻的烙印——倘若我当年知道达·芬奇画了三年鸡蛋的谣传，也许心里还能好受点，但彼时带给我的只有困惑。

同样困惑的还有我的爸爸妈妈。他们轮番在我身边看我坚持不懈地画圈儿，看到动情处，就问我："就这么一个8，你为什么不会呢？"

关于这个问题，我边画圈儿边认真想了很久，但我依然无法回答。我如果回答我笨，就无异于火上浇油，我可不想挨揍——我脑子反应虽然慢，但不至于傻到找揍；但如果我言之凿凿地分析一番，又似乎显得我是故意不想写。这种"天问"除了让我煎熬着加速画圈儿，并不能解决任何问题。

我妈忍不住手把手教起来，她握着我的手腕下笔，而我很自觉地柔若无骨，尽量不加任何力道完全服从，但画到那个被诅咒的位置时，我的手就逆骨突现，开始反抗。我妈瞅着我，一脸讶异，而我只能无奈地看着她，手却坚持要往上去。她咬牙切齿地加力拉回来，在她的强迫下，我终于写了个瘪了气儿的"8"。

就这么拉了几回，两人都有点累，但不能不说情势稍缓，我在妈妈的手把手教学中竟然写出了几个像样的"8"。她满意地点点头，决定放手让我自己来一次，于是我收拾心情，满怀信心……又画了一个圈儿。我"嗷"的一声哭出来，不敢抬头看她，低头另起一行。主要为了表达"能力有限，但态度是好的"的意思。

心里越急手底下画圈儿就越顺利，接下来的大约一个小时，我像在执行一种诡异的仪式一般，画了半个本的圈儿。

在观看了我兢兢业业地画了一晚上圈儿后，我妈终于崩溃了。深夜的大杂院里，响起她的哀号："你为什么就不会呢？"

是啊，我为什么不会呢？

后来的结局是，他们允许我暂时用上下两个圈拼成一个丰满没腰的"8"以解决当前的问题，这么写到第三天，我突然就会写标准的"8"了。我一遍遍地越过那遭到诅咒的转弯重回正轨，喜极而泣。

这件事我不愿回忆，直到现在我也无法解释我为什么死活写不出那个"8"，然而，当年的那种无力现在回想起来仍心有余悸。

在成长过程中，我又被不同身份的人质问过"为什么不会"，不问还好，一问就更不会，深受刺激，以至于在一段时间内，只要听到以"为什么"开头的问话就会浑身一凛，恐惧充满内心。

在我成人后，尤其是有了孩子后，因心里有这"天问"留下的老伤，经常会不经意地分析，"为什么不会"这句话会出现在何时和何种家长的口中。大多数家长说这句话，都是在他们自认为"很简单""很容易"的时候。

我们暂且放下是否真的"很简单"这个问题，只说一个中年人以自己当前的知识水平和理解力去衡量一个几岁儿童的智能，并以此判断他"合理的"接受速度，本就是一件相当可笑且不讲道理的事情，很有点欺负人的意思，爹妈版的"何不食肉糜"不外如是。家长大概率是在同理心和耐心双双缺失的状态下才会问出这句话。

而接下来我就要继续说一句伤人的话了——我很不想这样得罪人，因为说这话连我自己也要遭到贬损，但我还是不能说假话：特别爱问"为什么不会"的家长，自身水平都不会太高，恐怕大多数人问到六年级就没了底气——孩子上奥数的可能还要更早些——而等孩子上了中学，家长几乎就不敢再问了，因为自己也不会，自然不好意思再问"为什么"——真回答出来也未必听得懂。

我经常想，此时孩子倘若能反过来问："你都40岁了，你怎么还不会呢？"那必然是精彩的一记反杀——但这种情况很鲜见，坦率地讲，在留脸面这一点上，孩子往往表现得更仁义，比大人不知道强了多少倍。

神游一圈回到教室，我小声问儿子："如果我问'你为什么不会'，你怎么回答？"

我儿子想了想说："我要是能回答出我为什么不会，我怎么还能不会呢？"

我想了想，确实是这个道理，无法反驳的逻辑。如果孩子有什么知识不会，但能头头是道地分析出自己为什么不会，并清晰阐述，那倒真是人才。

我又想了想，似乎我也这么问过几回，不禁汗颜。我曾经作为一介笨童，本深受此苦，按说不该再把这臭毛病传承下去，但从我自己身上便可以看出，人类在成年后有很多道理往往还不如年幼时想得明白，越活越糊涂的大有人在。我本蠢笨，更不敢保证我能完全放下成年人面对未成年人时愚蠢的刚愎自用和盛气凌人，于是只好跟儿子说："下次我要这么问你，你就跟我比画'8'。"

他问了好久这是为什么，我没告诉他。

谨慎喝鸡汤，我来刮刮油

教育孩子看似是家长对孩子进行教育，但实际上这件事更考验家长本人。

我们经常在社交网络上看到被孩子写作业逼到怀疑人生的家长，俨然充满了悲剧内核的喜剧。但就效果来看，家长着急及在着急之下做出的一系列包括但不限于责骂、逼问、吼叫等行为，对孩子的学习并无帮助，诸如孩子崩溃哭泣到无法继续之类的反作用倒层出不穷。

当然，我不想奉劝大家都"不要生气"，那样难免有脱离群众之嫌，我想说的是，即便是成年人之间的互相教育，也要相互理解，给点面子才行，何况是孩子。

你可以不跟别人喊，也可以不跟自己的孩子喊。如果你不希望老了之后你的孩子拿着遥控器冲你喊"这个有什么不会弄的"，那么现在算是为人为己，要收敛点情绪才好。

所谓修行，不外如是。

如何正确地跟孩子说，你要好好学习啊

寒暑假结束后，许多孩子都难以收心。学习态度回不到原位，无论做作业还是复习功课，都是不催不做，做出来也是质量堪忧。

我想，作为父亲，有必要做一次开学动员，调动起孩子学习的积极性——用什么手段逼都不如他自己自觉地学。

但是，动员做不好就成了威胁恫吓或者是说教，就很没必要了，既达不到效果，也破坏了团结，所以面对越来越大的孩子，这动员到底该怎么做，我有点困惑。

鉴于我的人生经历和见闻，唯恐稍不留神，动员的话就成了"你可得好好学啊！"的口头禅——这话虽然没问题，但总有种拿不出道理、只管下结论的流氓气质，而且在我小时候，这句话后面常常跟着"不然长大了要饭去！"，颇具恐吓效果。

尽管过了这么多年，这句口头禅家长们依然传承得很好，虽然鲜有"要饭去"的说法了，但也与时俱进地多了些更具体的。不是我耸人听闻，这句话在当代家长间见缝插针、张嘴就来的程度，堪比"你瞅瞅那谁家那小谁"。

10年前，《哈利·波特》出到最后一本。

那时我正在一个发行企业任职，主要负责原版图书进口。公司打算借着当年哈利·波特风靡一时的东风，推一批 Scholastic（美国学乐出版社）出版的美版《哈利·波特7》原版，并为随后的收藏套装造势。公司营销部门打算搞得大一点儿，把卖场从门店挪到了大街上，还在全公司征集哈利·波特的扮演者。我当年脸上还没有这么多褶子，又是"哈迷"，而且发售日期当月某日正好是我的生日，营销部就盯上了我，直接找到部门领导，动员我支持营销活动。

我内心是很拒绝的，但我只能答应。

我这种"社恐"，本是最忌讳被别人盯着看，但当年却一腔热血，硬着头皮在人流密集的商业街上扮起了哈利·波特。如今我收藏了一支做工相当精美的斯莱特林的魔杖，但当年那一身衣服却相当山寨：我披着身麻袋一样的巫师袍，戴着副傻大的黑色圆框眼镜，手里捏着根小棍儿——那至多算是一根树枝——站在展板前不知如何是好。

营销同事说："你不要光站着，走一走，挥挥魔杖、念念魔咒，搞一搞气氛嘛。"于是，我就只好僵硬地溜达，行走间不时挥一挥树枝，嘴里念念叨叨，像极了一个刚从医院跑出来的满世界游荡的神经病，十分想自我施展"阿瓦达索命"。

我越不自在，嘴里就念得越快。一对父子路过，孩子停下来看我的时候，我正在用一嘴胡同口音高速连读"滑稽滑稽""摄神取念""阿尼玛格斯"这几句咒语——前段时间有一个段子猜"大猴儿峦"的意思，充分说明了北京土话吞音和"懒舌"之严重——我是绝对掌握这门技巧的人，所以孩子很吃惊："爸爸，他说什么呢？"

父亲一只手放在孩子右耳，把他向自己拉近了些："咱不听他胡说八道！"

我有点委屈：人家可是个正经巫师。

"爸爸，他为什么要胡说八道？"

"你想想，这么热的天，他穿成这个德行在大街上折腾，他能不胡说八道吗？"

1 学习的高山：
孩子不需要家里再多个老师

孩子点了点头。我几乎热泪盈眶。

"爸爸，那他为什么要穿成这个德行折腾呢？"孩子的用词跟父亲高度统一。

"你看看人家，"这位父亲向我堆书的同事那边努了努嘴，"这都一个单位的，人家都能踏踏实实卖书，他就只能跟着转悠，然后胡说八道，为什么？"他像狄仁杰一样自信地分析我身上的惨案，并适时地向"元芳"发起"怎么看"的提问，没等"元芳"谈意见，他抢着说出案情，"他小时候不好好学习啊！"

"元芳"沉默了。

"所以，爸爸为什么一直让你好好学习？你长大了没文化，就得像他，热出这么一身白毛汗。你可得好好学习啊！"

孩子陷入了深深的思考。

我的眼泪终于喷涌而出，伴随而出的是同事们的大鼻涕泡。

今年 5 月，我带着孩子去了趟扬州。下了火车，我们先去了瘦西湖游览。

天气很好，游人颇多，像我一样带孩子的也不少。随着人流走到几株晚樱前，一个姑娘向她身边的男士叹道："呀，扬州还有樱花啊？樱花不是都在日本吗？"声音不小。

男士捋了捋因低头看花牌名字时调皮地从头上掉下来的一缕秀发说："这你就不懂了吧！"一副胸有成竹的样子。

我想他可能是对樱花在我国领土内已有相当长的种植历史比较了解，要对女朋友进行科普了。如果他的学识像他几乎崩开的衬衫里的肚腩一样广博，不妨一听。周围几个家长和孩子也纷纷做倾听状——三人行必有我师，大家都懂得这个道理。

只听这位师傅说："你吧，就是读书少。扬州早就有樱花了，日本人都是跟我们学的。咱们有句古诗里早就说过，樱花三月下扬州啊！"

围观群众嘴里有水的基本上都没存住，集中为瘦西湖的樱花灌溉做出了自己的贡献。

包括那位姑娘在内的成年人，大多懂得打人不打脸的道理，大家虽都一脸尴尬，眼神飘忽，嗓子也都突然犯了毛病，咳成一片——尤其是那位姑娘，脸色像练乾坤大挪移走火入魔一样，绿一下红一下，相当让人心疼——但人们都强行压下了翻涌的气血，咬着牙愣是都没张嘴，"呵呵"地转身要散。

但天真的孩子们打从皇帝穿新衣服时就有缺心眼儿的毛病，到如今都没个长进。

"爸爸，不是'烟花三月下扬州'吗？"一个孩子喊道。

一只公鸡打了鸣，全村的鸡都压不住了，孩子们纷纷响应，要求家长做正式的解释。

被第一个问到的父亲也许感觉自己责任重大，他思索了片刻没有说话。我想他一定在"留面子"和"说真话"之间纠结了一下。"对，儿子，你说得对，正确的是烟花而不是樱花。"正直战胜了虚伪。孩子们露出了笑脸。

姑娘见状一把甩开那位男士的手，迅速走向前方，男士挦着头发追了过去。两人隐入了不远处的绣球树丛中。

这位父亲继续慷慨激昂地说："所以说，你可要好好学习啊！不然今后连媳妇都找不着！"

孩子们瞬间严肃起来。

去年我得空带孩子去了趟苏州，去名园"留园"逛了逛。

留园名声在外，自是建筑精美、布局有致，但园林"藏露互引，疏密有致，虚实相间，旷奥自如"的变化，成年人尚且未必能欣赏透彻，遑论孩子，他们蹦蹦跳跳看看热闹也就够了。

天气炎热，逛了一会儿找了一个长廊休息，很多游人在此避暑。我们坐下没多久，又来了一家三口。

父亲戴一副复古眼镜，招呼家人坐下的时候态度温和、声音轻柔，不似有些人大呼小叫，而是颇有些文化人的气质，形象很好。

1 学习的高山：
孩子不需要家里再多个老师

　　一家三口坐了一会儿，这位父亲问道："你觉得这个园子美不美？"声音仍旧轻柔。

　　孩子答道："美！"

　　"大不大？"

　　"大！"

　　"好不好？"

　　"好！"

　　"你知道这园子是谁建造的吗？"

　　"不知道！"

　　父亲拿出手机查了查，开始念："留园始建于明代万历二十一年，为太仆寺少卿徐泰时的私家园林。"

　　"哦。"

　　"你知道徐泰时是谁吗？"

　　"不知道，爸爸。"

　　父亲点了两下手机，又念："徐泰时，又名三锡，在徐氏世系中，为徐朴的曾孙。"他停了一会儿，好像是在筛选有用的信息，然后继续念，"万历八年，他参加殿试中了进士，即更名'泰时'，时年四十一岁，授工部营缮主事，主持修复慈宁宫，亲自详细筹划并指挥施工。因有功劳，擢为营缮郎中。后建造寿陵，相土以定高下，精心核算，省钱数十万，充分展示了他的经营和管理才能。被赐麟服，以彰宠异，又进秩太仆寺少卿。"

　　孩子点点头。

　　"那你知道徐朴是谁吗？"

　　"不知道，爸爸。"

　　我推断他可能要对"祖辈都是文人"的优势进行一番论证。

　　父亲轻点手机，温柔地念道："徐朴，纺织工程技术专家。早期重点研究东北棉纺纱性能，细纱双皮圈牵伸装置，对棉纤维伸直度的理论研究有突破。

在担任中国纺织科学研究院院长期间……哎，不对，这不是那个徐朴。"

他快速地动了几下手机："没有这个徐朴。"他有点尴尬，"反正徐朴就是徐泰时的祖爷爷。"

"哦，爸爸。"孩子看起来搞懂了祖爷爷和曾孙子的关系。

"孩子，徐泰时读了很多书，考取了功名做了官，是非常有才华的一个人。所以，这样的人才能建造这样的大院子。"

"哦，爸爸。"

"你看现在的房子贵不贵？"

"不知道，爸爸。"

"很贵的，儿子。"

看到孩子点头，父亲继续说："那你知道为什么有的人能住这么大的房子，有的人只能租房子甚至没有房子住吗？"声音除了温柔，还加入了苦口婆心，听了让人非常感动，"因为只有好好学习的人，才有房子住。不好好学习，今后连住的地方也没有，只能睡在大街上。所以你可一定要好好学习啊！"

这位父亲文化人的形象瞬间崩塌了。我认为这番话，跟我小时候我奶奶咬牙切齿地跟我说"晚上一定要待在屋里啊，出去了有大马猴子吃了你"没有太大本质上的区别。

这件事挺有意思。

家长们总是希望激发孩子学习的激情，不管是通过打击或贬损别人，还是从自我危机感出发，都无所不用其极。但不论我是儿时作为接受者，还是成年后作为旁观者，就我的感受而言，激发学习热情大多不是什么快乐的经历——尽管有时候我旁观时也很欢乐。

所以在这件事上，我很忌惮，我不想让这件事变成一种压迫式的灌输。但面对孩子这种学习经常不在线的状态，不谈一谈也看不过去。因为我坚信，

1 学习的高山：
孩子不需要家里再多个老师

"大撒把"的家长一定有一个能"大撒把"的孩子，我绝不认为所有的孩子都可以那么教育。

于是我绞尽脑汁想了两天。我想，学习的主动性要来自快乐的动力，如果学习跟快乐联系不到一起，那么就很难说服他。他想要过什么样的生活，我不能限制，但我要告诉他，专注的学习是非常有助于他今后能够按照自己的意愿去生活的。

于是我来到他屋里，打算聊聊。

"儿子，你觉得一个人最舒服的状态是什么？"

"躺着。"

"不是，我是说，状态，不是姿态，就是你想今后怎么样生活心里才舒服。"

"不好说。"

"我认为今后能按照自己的意愿生活，说简单点就是你想去做这件事，不会有太多困难就可以做，至于做不做完全在于你的意愿，那就是比较舒服的状态了。你觉得呢？"

他歪头想了想，又点了下头："嗯，这样确实不错。"

"但是这种状态可不是白白就能获得的，"我说，"起码对大多数人来说，得为这种状态而努力。"

他听得认真，我讲得走心。

"有时候我们可能要迂回地获得这种状态，比如学识、能力、工作，这些东西可能不能直接赐予你这种状态，却是保证这种状态的途径。在你这个年纪，学习、爱好、体育锻炼等是今后的基础，所以我希望你能理解，学习这件事，不是为我，不是为你妈妈，而是为了你自己，为你自己能获得那种状态，能追求自己真正想做的事。"

他也开始认真思考。

我觉得这番话，可能比当代大马猴子类型强一些，我觉得自己说得比较诚恳，也比较务实，效果还是应该值得期待的。

我接着说:"你觉得爸爸说的有道理吗?"

"嗯,有道理。"他点头。

"行,你觉得有道理的话今后学习的时候要更专注。好好写作业吧!"我转身向屋外走去,背影可以说相当酷了——当父亲的,话点到就可,不用多说。现在教育孩子容易吗?连身段也要研究。

"爸爸。"他喊住我。

"怎么了儿子?"我回过头,瞬间变回笑脸看着他。

"我如果就想当个要饭的,现在还用写作业吗?"

谨慎喝鸡汤,我来刮刮油

几乎所有家长都了解让孩子好好学习的意义,但对于学习目的理解得不那么狭隘的家长却少之又少。"不好好学习就出去要饭去"成为我们那个年代家长对孩子最简单粗暴的动员和激励,当然,随着社会进步,"出去要饭"也慢慢转变为"捡破烂儿""扫大街""摆地摊儿"之类的活计——可惜几乎没有孩子会因为害怕"出去要饭"而成为努力学习的孩子。

让孩子理解学习的意义,从来不是一件简单的事,这绝不是家长在突发奇想后咬牙切齿地吓唬孩子"出去要饭"就可以解决的。你在孩子面前展现出的气质,远比这些说教重要得多。你是否从学习中获得了更加高远的快乐,你是否一直保持着学习的态度……这些才是让孩子意识到学习不应该是家长逼他做的事情,也不是家长为了让他"出人头地"强加给他的意志的关键。

如何在趣味游戏中有效地提高孩子遣词造句的能力

有个周末，我躺在床上看书，阳光照到脸上，竟迷迷糊糊睡着了，做起梦来。我梦见在东欧某国旅行时被一伙坏人暗算，在我饭菜里下药，昏迷后的我被运到医疗机构做实验，实验方式是剖开我的肚子，往里装大便。一个口罩男提着一桶大便走向我，晃里晃荡，颇沉的样子，我只能哭喊着"灌不下那么多呀"。手术刀割开我肚皮的时候，我惊醒了，睁眼竟看到真有一人趴在我身上动手，陡然清醒，正待伸脚去踹，发现是我闺女，她正撩开我的衣服，努力往里塞一个大毛绒猴子。

我心说：闺女啊，你这种过家家的方式太惊悚了，你想让爸爸扮妈妈生孩子可以直接说，我会答应的嘛，强扭的瓜不甜，生塞的猴难活啊。

她伸出手指在我唇前一竖，做了一个"嘘"的动作，让我噤声。

我把她差点儿杵我嘴里的中指按下去。"这根手指不好，以后不许瞎用。你这是干吗呢？"

她趴在我耳边说："我在跟哥哥玩藏玩具的游戏，现在是我藏他找。"

原来如此。难得两个孩子玩到一起，那我就配合一下，把大毛绒猴子塞进衣服，侧身躺好："你叫他吧。"

小妹转身高喊："哥哥！藏好了！"然后跪在我身边。

我一看，这傻孩子，位置跪得这么正，就差直接告诉她哥了，就一把把她拉到床下。孩子没站稳，歪倒了。此时她哥哥刚好进屋，看见妹妹坐在地上，以为必然是塞到床底下了，弯腰便找，找了好一会儿，无功而起。我偷眯着眼睛看见他屁股上粘着毛球，估摸着刚才他把床底下擦得挺干净，要是让他妈看见这个人体墩布势必要嘶吼一番，于是只好假装忍住，哈哈大笑着坐起来，完成了这次游戏。

哥哥向妹妹抗议着"不能让爸爸帮忙"，然后两人到别处玩耍去了。

到了下午，我给儿子的作业签字。见他桌子上有一篇作文，黑压压的一大篇，写得很满，我就拿起来读了一下。题目叫《做树叶画》，写的是他从公园里捡了很多树叶粘了个恐龙的事情。用了这么大的篇幅，把事情说完整自然是没问题，但要以他这篇作文为指导做树叶画，肯定不行，因为步骤没说清楚，而且废话特别多，语法错误也一大堆。

比如，第一段他先写的捡叶子，首先复述了老师让他们捡叶子时说的话，就像会议纪要一般详细，而如何挑选和发现好看的叶子，就只有一句话：我捡了一大堆叶子！

第二段写如何做叶子画——因为第一段没有写如何挑选叶子，第二段自然也没提他为什么要做恐龙。上来就直接做起来：

> 我拿一片大叶子粘在纸张的上边当恐龙头。然后我拿一片更大的叶子粘在下面当身体。然后我拿两片小叶子粘在大叶子上当作恐龙的腿。然后我拿三片更小的叶子粘在腿上当爪子。然后我拿更小的三片叶子粘上面的爪子。然后我拿六片中叶子放在恐龙后背当背骨板。然后我拿了一片最大的叶子粘在大叶子后面当尾巴。啊，一个威武的恐龙做好了！我看着它威风凛凛的样子心里别提多高兴了！

学习的高山：
孩子不需要家里再多个老师

七个步骤用了六个"然后"，对过程的描述极其混乱，对叶子形状的形容就是"大叶子""小叶子""更大的叶子""更小的叶子"和"中叶子"。

我个人对孩子写作文这件事一贯不干预，觉得他平时也没少看书，就算任其发展也不至于太差，今日一见，算是开了天眼！

但我也知道，写作文这事，非朝夕之功，急功近利难免起反作用。我得想个办法，在平时就让他有机会锻炼如何直接或间接地描述事物，最好能用点修辞——即便不行，哪怕能让他对文字产生点兴趣也足够了，总比这种大、中、小叶子开会强。

带孩子出去玩后回来就给留作文显然不是我的路数，我曾经狠狠揶揄过这种办法，所以自然不能打自己脸。我突然想到了下午的藏玩具游戏，于是把儿子喊了过来。

"儿啊，你觉得下午藏玩具那种游戏好玩吗？"

"除了藏你肚子里那回，都不好玩。我妹太笨！藏哪儿站哪儿。"

"好，既然你觉得我藏得好，那我就再陪你玩会儿这个游戏。我藏玩具你找。"

他的眼睛亮了起来。

他比较了解我皮猴儿的性格，他小时候我陪他在家玩捉迷藏，藏匿地点思路很广，没少当人体墩布被我爱人嘶吼。这几年几乎不在家玩这些了，一是他大了觉得没意思，二是我老了，钻床底下万一闪了腰就真出不来了。

"但是咱们这回有新规则。"我说。

"什么规则？"

"我把玩具藏在哪个屋里肯定不告诉你。但你别担心范围太广，我会给你留线索。比如，给你写几句话。这些话当然不会直接透露信息，需要你自己破个案。"

他似乎没听懂，但对我说的规则表现出一副很有兴趣的样子："来！"

第一张字条试水，我写的是："解开在那弥漫着男子汉沉沉睡气息的空间中遮挡光明的幕,它就会出现。"

他拿到这张字条,果然很蒙。我上完厕所出来,他还举着字条在屋里转悠,眼中含泪,认为我在侮辱他。

第一次肯定会有困难,于是我给他解读。

"男子汉,你觉得什么意思?"

"男的。你和我。"

"对喽,代表与男生有关。那么沉睡的气息呢?"

"睡觉?"

"对喽,你想想,咱家哪个屋能睡觉?"

"你在哪屋都睡过觉!"

"啧!正经睡觉的地方!"我嘬了一下牙花子。

"卧室!"他喊完就冲进了他的卧室。我也跟了进去。

他在卧室里环视,又没了头绪,继续看我。

"你想想,要在这屋里睡觉,光线太亮你睡不着怎么办?"我感觉提示很到位了。

"关灯!"他往灯罩上瞟。我脚下一崴。

"那也不叫遮挡光明的幕啊,你再仔细想想。"我一个眼神甩过去,他恍然大悟地长"哦"一声冲到窗帘前,解开窗帘扣,窗帘散开,玩具掉了出来。

"你可以好好体会我写的线索。咱们先不说简单、困难和我写得好坏,单说这种状态。你今后在叙述一个事物的时候,首先要考虑得全面一些,其次要把特征描述得详尽一些。如果能不那么直接,用优美婉转一点儿的词句,这样可能会写得更有意思。"

他用力点头,我内心满足。

"爸,你再来几次,我感觉一下!"他主动提出需求。

我想,有兴趣当然是好的,那就让我们一起玩玩文字游戏吧。

1 学习的高山：
孩子不需要家里再多个老师

于是我用同样的原则又玩了几次。

"穿越不断供养生命的烟火味，那银色的宝箱闪闪发光。"
这是厨房的微波炉里。

"比宝石更珍贵，比金子更沉重，它静静地躺在那能让人无比富有的宝藏后面。"
这是书房书架的一排书后面。

"在丛林中最大的那株植物对面，藏着能让那信使飞奔的秘密。"
我把玩具塞在阳台上有很多盆栽绿植摆着的鞋柜里，里面放着他的几双跑步鞋。

除了最后一个，他都没找到，但他玩得很开心。我把每一句线索都给他做了解释。

"儿子，你看，文字里其实可以隐藏很多信息，这些信息并不是只能用最直白的词句表述，而是可以从很多角度或者通过很多方式体现出来，对吗？"

他用力点头："对，爸爸，我觉得超有意思。我现在好像有点能理解字条的意思了。"

我想，这次游戏他多少会对体味文字有点心得——这心得不论多少，起码不是瞎编，对提高写作积极性也有益处，这就是寓教于乐吧，用心教孩子，自己也能获得快乐呢。我心中的小人儿用力地挥了一下拳。

"那这样，儿子，你说能理解意思了，这回换你藏，你给我留信息，我来找，好吗？"

"嗯！"他痛快地答应了。

他写了很久。

其实可以理解,两个小时前,他还满篇飞叶子呢。我耐心地等待,期待这游戏给他带来的进步,哪怕一点点,为父也满意了。

半小时后,他兴奋地举着字条走过来:"爸,你找吧!"

我兴致勃勃地接过来,字条上是这么写的:

"看电视那地方,然后屁股坐着的地方,然后后背靠着的地方。"

嘤嘤嘤!

谨慎喝鸡汤,我来刮刮油

我曾经不止一次写过关于孩子写作文的事。写作文是个技术活儿,教写作文更是。我所要表达的意思是,教育是件严肃的事,但教育本身不需要那么严肃。这并不矛盾。有些人会认为过程不严肃,事情怎么可能做严肃。这个标准放在大多数事情上确实有一定道理,但在教育上却不绝对。

很多时候我们必须,或者说不得不接受严肃,但这个世界上大体不会有太多人"喜爱严肃","严肃使我快乐"在成年人的世界里也不算能自洽的逻辑,孩子就更是这样。参与家庭教育时,不把事事都搞得太严肃,是一种智慧。

在家庭教育里、亲子关系中,你也许有很多苦衷,但多花一点儿心思让你和孩子之间的互动更有趣,绝对不会后悔。

掩耳盗铃教育法：你马虎了

有一天晚上，我儿子拿出卷子让我签字，我看了看，数学：92分。

我儿子考试已有日子没见过满分了。这次他一共错了三道题，错处都比较别致。

他从一年级起，所有的考试就几乎都有这种错误，比如，四条连线他连三条，写着写着写串了行；再比如，干脆有一道题没看见。到了三年级，各方面都开始往更深的层次学，学习解题方法时就错在计算部分，写起大作文就忘个标点、少个空格。不分科目，文理兼顾，相当公平。

他一直挺会自省：我马虎了。

这话是从家里帮我们辛苦带孩子的老人那里学的。每次当着他们的面我跟我儿子一起修改考试错误时，总有慈祥的声音响起："又马虎了吧，呵呵，呵呵。"

其实我对满分这个事情看得比较透，毕竟当年我也不是什么优秀的学生。我特别相信基因，所以也没有规定他一定要得几个满分，但是这种比较匪夷所思的错误，我接受不了。

因为这总让我想起我自己。

"马虎"这个词,坊间的来历可以说相当不科学。

据说宋代时京城有个画家,作画跟所有的艺术家一样,颇为意识流,随心所欲,想到哪儿画到哪儿,不了解他的人看了就很糊涂。有一次他画了一个老虎脑袋,正好有人上门来请他画马,于是他就很随性地在虎头下画了马的身子。求画的人问他:"您这画的是马还是虎?"他跟人家说:"马马虎虎!"来人一听,心说蒙谁呢,就没要这幅画。画家一瞅可惜了,便将画挂在自己家的门厅里。画家的大儿子见了问他画的是什么,他说这乃虎也;小儿子问他,他又很随机地说此为马也。

没过多久,大儿子外出打猎,看见远处奔跑着一匹四蹄腾空的骏"虎",于是哥们儿激动地掏出弓来把它射死了,导致画家给人家马主人赔了不少钱。这还不算完,小儿子外出,远远看见一匹斑斓猛"马",大花纹别提多好看了,于是冲过去按着马屁股就要往上骑,结果被"马"活活咬死了。画家悲痛万分,烧了那幅画,还写了一首诗自责:"马虎图,马虎图,似马又似虎,长子依图射死马,次子依图喂了虎。草堂焚毁马虎图,奉劝诸君莫学吾。"

如果是现在,我们就不能过于批评画家,后世的毕加索也走了条没什么老百姓看得明白的路线,但不耽误他成为大师;虎头马身这种艺术形式也不能算是画家首创,狮身人面像一直是世界奇迹。

这个故事一看就很民间,山寨气息很浓厚,听起来也生硬——小时候,我奶奶经常用这种方法给我灌输真理。但这个故事我挺喜欢,因为它特别可取的就是,狠狠地扇了马虎一大嘴巴,清脆响亮。

打小我就会说我有马虎的毛病。自打有了自我评价这个概念,给自己挑毛病绝对少不了马虎这一条。"下学期我要改掉马虎的缺点"可能是我儿童时期写过的最多的口号,仅比"我胸前的红领巾更红了"的次数少那么一点点而已。

这个毛病我一改就改了好多年——我绝不相信它在那个岁数比克制早恋

更难,改不了是有绝对理由的。很多时候,你以为你是做不到,其实你是不想做。

承认自己脑子笨或者品质有问题是一件特别困难的事,不但自己难以接受,父母长辈也听不下去,于是亲子双方就必须志同道合地找到一种不触及灵魂而又能解决问题的方式,这就催生了不少掩耳盗铃式的教育法。挺微妙的。

"这道题到底得几?"

"得 8。"

"怎么现在知道了?"

"又马虎了。"

"嗯!下次认真啊。"

"嗯!"

双方友好而舒服地结束了对话,既提出问题、找到毛病、走完标准流程,又让双方都能心甘情愿地接受不是不会,而是粗心,何乐而不为?

所以我小时候犯什么错误一沾上马虎,内心立刻就觉得非常安宁:明明什么都会,就是做得不对,好可惜呢;虽然做得不对,但是我什么都会,脑子没问题!相当平静了。

再到后来,我慢慢觉得马虎是一个特别好使的毛病,简直是人类甩锅之光,给了无数孩子和家长前进的勇气和释怀的心胸,"这孩子就是马虎"说起来甚至有种隐隐的可爱。

一个毛病,搞成这样,简直不要太仗义。

然而长大后,这个毛病到底带给我多大危害,我不想多说。反正现在你们看我的公众号,错别字还是不少。

这个世界上智商特别高和特别不高的人都是少数。事实上,大多数跟你争食吃的人脑子都没什么毛病,但轮到做事情,就有人聪明有人笨——我小时候就属于毫无疑问的笨，我笨在不打算让自己变聪明。

这种笨和聪明都与智商无关。

马虎这个毛病让我小时候认为我是一个身怀绝技的人，只不过这次深藏不露，哪天我认真正经起来，江湖定要掀起一场血雨腥风，班里的排名搞不好要洗次牌呢。至于今天的80分，我就当再蛰伏一次，马虎了——反正我什么都会。颇有点大智若愚的高深。

直到我发现我其实是大愚弱智。

现在回想起来，每一次用马虎解释问题，都让我更笨一些，而一次次心安理得地享受这种马虎，让我最终丧失了变聪明的机会。

马虎，为多少中国式掩耳盗铃教育法提供了出口。

我们家长总认为，孩子脑子没问题就好，大方向是绝对没有问题的，至于细致、投入这些品质，等到他成熟的那天自然就具备了。这无异于天上掉馅饼。而现实是，凭借智商创造的成功，并不比做事细致创造的成功多——恐怕还少得多。我很担心家长们今后会面临接受现实的痛苦，毕竟这个世界没几个能光靠智商吃饭的人。

野心是不错，但智商是硬伤。

所以现在家里人一提马虎，我就马上跟我儿子说："不要总说自己是马虎，马虎就是学习能力低，马虎就是做事能力不强，马虎是另外一种笨。但这种笨可以改，而且什么时候都可以改，越早就越好改。但如果你习惯了马虎，就很难改。你如果不想成为一个智商正常的笨人，就不要总拿马虎说事。"

这种我自认为是拨乱反正的行为让我挨了不少白眼。家里人认为我偏要把问题扩大化，都认定我成心找茬儿、故意刁难，专找难听的说，本来一句"呵呵呵，马虎了"就过去的事，非要一脸严肃地说上半天打击孩子。

可是，我作为一个不那么聪明的家长，最大的优势就是带着自我反省去承上启下。

鉴于马虎这个毛病害得我现在脑子都不那么灵光,我认为,我这个白眼还得继续挨下去。

谨慎喝鸡汤,我来刮刮油

在教育孩子时,不少家长拿"马虎"当台阶,认为只要脑子没问题,马虎也不是问题。甚至说到马虎,还有那么点暧昧,仿佛孩子只要智商不低,下回说不马虎就能不马虎了。

我们有一些家长在教育孩子时,经常会把重点搞偏。我说的偏并不是不应该教育,而是教育的着眼点在哪里。比如,我见过不少家长,自己的孩子不会拼拼音,或者没学会认钟表,而别的孩子在这个年纪已经会了,就会觉得这是天大的事,心里特别着急,教育孩子时也跟着急起来,为今天、此刻、马上必须要学会拼音和认钟表的目标搞到场面难以收拾,但说到诸如"马虎"一类的学习态度和方法的毛病,反而不觉得"危机重重"。

知识固然重要,但从长期来看,对一个人来说知识是动态的、需要更新的,甚至是可以过时的,而这些知识被时间冲刷后还能留在孩子身上的,才是孩子真正"学到的"。

学还是不学：引导兴趣更有价值

开学的季节又到了，除了督促儿子赶紧突击假期作业，调整作息时间，还要考虑让孩子在这个学期学点什么。

其实在课外学习的问题上，我倒是趋向于"怎么也要学点什么"的观点，原因很单纯：首先我相信闯祸守恒定律，孩子旺盛的精力在外面不得发泄，就得在家里闯祸，这个家我得保住；其次，敏捷的头脑疏于使用，也是浪费资源——脑褶子不是越用越深嘛。如果在这个过程中万一发现他真感兴趣的，也是他人生的收获呢。

除此之外，我真的别无他求。

上课外兴趣班的优良传统我小时候就有了，不同的是现在的孩子从幼儿园就开始学东学西，我们那会儿至少要上了学。

我第一个课外兴趣班是在二年级时上的，学的是国画。

我记得我爸为选课这事儿很友好地征求过我的意见。

"儿子，你觉得你最擅长什么？"

"什么叫擅长？"

"就是做什么事特别牛、特别厉害。"

1 学习的高山：
孩子不需要家里再多个老师

"我三条命通魂斗罗，通完能变五条命。"我态度诚恳。

他不友好地举起手废了我一命。

至于最终为什么要让我上国画班，我不得而知。我当时除了尿炕——我二年级时确实还在尿炕，这点天分倒不是人人都有——在褥子上遗留的尿渍能依稀见到些许泼墨山水奔放的气势，我没觉得自己在任何方面展现出了画国画的天赋。

但我也没什么可反对的，除了玩，连我自己也说不清楚对什么感兴趣，所以在学习国画方面我颇有点父母之命、媒妁之言的认命，我甚至期待这是一次命中注定的相遇——毕竟生活里可不是随时能摸着毛笔和墨汁的。

大家一拍即合后，我爸就带我去琉璃厂买学国画的家伙什儿。在充满淡淡墨香味道的文房四宝店里，我爸专心地干着他半年后非常后悔的事情，为我精心地挑选了文房四宝：几支粗细不同的毛笔、一瓶"一得阁"墨汁、一卷宣纸、一方小小的砚台。而我兴奋地看着这些名为狼毫的飞镖、黑黢黢的毒药、硬邦邦的金箍棒和压手的照妖镜，心中也是爱到了极点。

国画课是在建国门附近的一所小学里上，时间是在一周唯一的休息日——礼拜日的上午。

那时候的小学都是一个模样，四周一圈平房作教室，中间围出来的空地就当操场，运动器材简陋，无非就是些板砖和水泥板搭成的乒乓球台，简单的攀爬架子和没网的篮球架子，对我来说，陌生感完全没有。

第一次上课的那个早上，我背着法宝进到学校里，看到的场景十分诡异：小一点儿的孩子如我，都是兴高采烈、热情洋溢地在校园里跑跳，如同八九点钟的太阳，灿烂辉煌；而大孩子则是耷拉着一张张丧气冲天、生无可恋的脸。

我们这个班有二十来个孩子，老师是一个爱穿白衬衫的戴眼镜的老头儿，脾气温和、口音奇特。他上来给我们介绍了一些国画常识，我因兴趣全在那一整套法宝上，根本就没心思听他说，只等发动法宝。

终于盼到了他开口教画的时刻。

"通靴们，今田，瓦带大颊靴西怎么画胸毛儿。"

老师说完，整个班的孩子都蒙了。

我们暗自琢磨胸毛儿是什么鬼，一会儿千万别露了怯，私下里赶紧小声交流起来。

"哎，胸毛儿是什么呀？"

"不知道啊，没听过。你呢？"

"没见过。"

终于，有一个知识特别渊博的大孩子看不下去了，非常不屑地放大了声音，开始给我们科普。

"哎，哎，哎，闭嘴吧都，土鳖了吧，《神探亨特》看过吗？那里面那些外国人胸前都是长毛儿的，那毛儿就叫胸毛儿！"

我们恍然大悟，为自己的孤陋寡闻而自惭形秽，同时不由心生敬佩，感叹大一岁就是大一岁，活到老学到老，还是得多看多听，人家就什么都懂，纷纷向他投去了羡慕的眼光，并暗自决定以此为例，回家让父母延长看电视时间。

我突然明白了我笔袋里最细的那根笔到底是干吗的了，不禁有点沾沾自喜，感觉以自己的聪明才智悟出了老师还没说到的知识点，这节课上得真有心得。

老师看课堂有点吵闹，用手压了一下空气，让我们安静下来。

"瓦们都直到，胸毛儿啊，是一种特憨可爱的动物，是瓦们锅颊的锅宝，只有啊，在动物渊儿里才能看得到……"

我们全体终于目瞪口呆地搞清楚了，老师原来今天要带我们画熊猫。

我长大后，交际面渐广，回忆起来，觉得那位教师很可能来自北京平谷。平谷口音特点是一、二声互换，三、四声不变——我知道你们正在试，相信

1 学习的高山：
孩子不需要家里再多个老师

我，如果英语不是你的母语，这真的不太容易。而那位"伸探横特儿，餐愧地迪下了偷，被超笑了一靴骑，一只凡不了神"。

一学期学下来，老师除了带我们画了"胸毛儿"，还画了"小淤""小侠"和"小草""小华"。

其实没过几周，我对画画的兴趣就逐渐消失了。丧失了成为一个国画大师的动力后，我的法宝就各尽其用，拿来招猫逗狗了。当然，邻桌也都不是善茬儿，刀光剑影、血雨腥风，两相决斗间免不了挂彩。

每次上完课，我脸上的墨比纸上还多，衣服上各种名山大川，气势丝毫不输我尿了床的褥子。有一次我甚至在内裤的正面发现了一块墨迹，可见斗争之凶险。我印象里，胜多败少，战绩卓越，只是苦了我妈，每次接我时都要强压住掐死我的冲动。

还有一次，我听着课走了神，忘记自己在国画课上，像平时上学叼铅笔一样叼起了毛笔。下课路过邻班，看见一位极其可爱的小女生。出于本能和对自己外形的自信，我友好地冲她灿烂一笑，她嗷的一声惨叫，急于逃命，转身撞在了门框上，号啕大哭，撕心裂肺。我回家对着镜子一笑，连牙带舌头就像一个黑洞，跟喝了二两柏油一样，自己也差点儿吓尿，心中对那位女生充满深深愧疚。

期末，我爸从外地挂职回来，让我给他展示这一学期的成果。我当着他的面现场挥毫泼墨，画了一张集我本学期大成的画作，自觉一派野趣，生机勃勃，具大家之风，颇为得意。

我爸看了果然很开心。

"儿子，你们老师这国画教得挺好啊，不光教怎么画画儿，还能跟文学名著相结合。"

"啊？"

"你这不是《西游记》里的妖怪打架吗？"

我耐心地给他讲解说，这坨是一只熊猫戏耍，那边是游水的小鱼和小虾，这边种了几朵菊花,那边结了几个枇杷。

我爸说:"要不下学期你学水彩画吧。"

后来我还真又学了一阵水彩画。我正好玩腻了文房四宝,看到水彩、调色盘、画板又是一套新装备,自然欣然答应了。

几个月后的一个周日,我爸看我在家踏踏实实、专心致志地调色,非常欣慰。

"儿子,今天想画什么?"

"爸爸,我想画一条小黑狗,那天在楼下看见的。"

"嚯,不错啊,那你怎么调的颜色是黄的呢?"

"我先把狗屎的颜色调出来。"

在又废了我一命后,他颓然把我轰下楼去玩了。

我的水彩画生涯也在这个标志性的屎黄色事件中正式结束。

经过这两次打击,我爸终于认清了我没有艺术细胞的现实,承认了我就是一个普通孩子。此后,再也没特意要求我学过和练过什么。我也乐得当个普通孩子,所以我的小学和初中生涯非常愉快。

倒是后来我自己在体育方面展现出了一丝优势,先是被篮球队选上,后来在一次年级长跑比赛中疯狗一样跑了个第一。学校田径队教练找到我,问我愿不愿意练田径,我说你去问问我们教练。

他找到篮球队办公室,我在门外偷听。

"哎,刘儿。"

"哟,老高,怎么着您?"

"我跟你商量个事。你队里那个刮刮油,让他到我这里来练田径吧。"

"啊?那孩子跑起来是挺不要命的,但是他篮球练得也还可以啊。"

两队教练的争夺让我心中充满被需要的那种巨大的幸福感,内心升腾起了小虚荣。耳朵竖得高高的,准备接受更大的夸赞。

"你看他那身体,他今后长不高!"

"也是,他同意就过去吧。"

幸福去得太快了。

微信朋友圈和孩子家长群曾经被一篇吐槽奥数的文章刷屏,其实这种吐槽无非是家长太不舍得承认自己的孩子不是超能儿童——奥数本来就不是给一般孩子准备的,你看不懂,你的孩子看不懂,不代表参加比赛的孩子都看不懂。

我的经历告诉我,要想大家都愉快,就要懂得承认自己的孩子是普通人。越早认识就越皆大欢喜。

学一样东西如果不能乐在其中,学会的可能性就很小。至于怎么分辨,斯蒂芬·金告诉过我们一个很简单有效的方法:如果孩子在学习项目规定的时间外,根本没有任何去碰它的意愿,趁早还是干点别的吧——当然,如果坚信郎朗不是有天赋,而是被他爸打成钢琴家的,那就可以无视斯蒂芬·金的方法。

"孙悟空他妈"是吸收天地日月精华的石头;"哪吒他妈"的孕期长达168周;"超人他妈"从太空胶囊里捡来的他,他亲爹会上天。"您孩子的父母"是哪位?

我们都是普通人,我们也都是好孩子。

谨慎喝鸡汤，我来刮刮油

家长对孩子大多有所期待，希望他们能学会更多知识，掌握更多技能，愿意耗费金钱和时间支持这一培养计划。当然，也有人持相反态度，认为孩子不需要学那么多东西，占用他们大量的休息时间，最后大多数都荒废了。

关于家长到底要不要给孩子报一些兴趣班，在我成年后结论很明确：需要。因为就我所见，很多人成年后的休闲和乐趣，都来自小时候的兴趣班。而如果让孩子自己选择，大概率什么也不会选择，什么也不会学。

但事实是，懂得多，才可以从更多渠道获得快乐。越高端的快乐，就越需要脑子里有点东西。

所以在我看来，与其去争论该不该让孩子去上兴趣班，讨论如何引导孩子让学习真正成为兴趣才更有价值，而这件事的关键，是家长以何种心态去面对孩子的兴趣班。既是兴趣，不如就从兴趣开始，不要表现得过度紧张兮兮，更不要时时刻刻表现出自己在孩子的"兴趣"上投入和牺牲了多少，在上道前就让兴趣成了打鸡血，那么后面的路一定不好走，兴趣可能就真荒废了。

不能白玩：别让旅游后的作文变成孩子的噩梦

五一抽空带孩子去了趟扬州，吃吃喝喝，逛逛走走，除了人多，基本惬意——顺带把软卧给坐了。现在的孩子，对什么交通工具都熟，唯独过夜的火车坐得少了。

回程火车上，我坐在过道儿玩手机，看到隔壁开门的包厢里一个妈妈正跟孩子说话。

"扬州好玩不好玩？"

孩子犹豫了一下。我正在纳闷儿这话有什么可犹豫的，然后就听到这位妈妈连续问了下去。

"妈妈先问问你，四大名园都是什么园？"

"妈妈再问你，何园的主人是谁呀？"

"扬州古时候都叫过什么名字呢？"

"京杭大运河途经了几个港口呢？"

"都有谁作过有关扬州的诗词？"

我一听，心中惭愧。因为我刚才在路上也问了我儿子一串问题。

"儿子，你觉得正宗扬州炒饭哪家强？"

"早上那包子跟无锡的包子比，你觉得哪里的好吃？"

"顿顿都有大煮干丝，谁家的最好吃？"

"扬州的狮子头的个儿比你在北京吃的大吗？"

相比之下，高下立见。我赶紧招手叫我儿子过来，悄悄跟他说："你听听人家怎么说的！"于是我们俩做侧耳倾听、虚心学习状。

隔壁孩子回答道："妈妈，我想上厕所。"

然后一个头发散乱、面如死灰、生无可恋的女孩从包厢里冲了出来。

"回来接着回答啊，咱们出来到扬州玩儿可不能白来！回家还得写篇作文呢！"妈妈喊道。

"妈妈，下次请不要带我出来玩，我只想在家学习，学习使我快乐。"孩子的脸上写着。

我打小就对旅游充满敬畏，总是不能以轻松之心畅爽对待——这绝不是因为我有什么反人性的特殊兴趣爱好，或者是我刻意为了区别于其他孩子的装深沉行为——我无论对秀美壮阔的大自然，还是形形色色的人文景观，都充满了热爱。我憋屈的原因，是因为我知道，我不能白玩。

"不能白玩"让我对外出有了一种很纠结的情感。比如，出行第一天能高兴得开花，最后一天则恨不得自己没出来这一趟，不如在家里的院子里和泥。春游也是，早上起来兴高采烈，到了回程便忧心忡忡起来。我知道吃饱了骂厨子有点无耻，但我心里也是没有办法。

我实在是太不擅长"不能白玩"了。

我记忆里所有得过高分的作文，全是假话，这让我从小就讨厌写东西。写东西令我苦闷，因为要编瞎话——我不太会编瞎话，所以我作文得高分的机会不太多，而且每次写作文都如便秘一般费劲。

虽然堵得慌，但我也深深知道，写作文绝不能说真话，否则可能连及格都费劲——我虽然胸无大志，但还是要及格的，不然屁股就要挨顿揍。

比如，二年级的时候，老师曾经让我们写过一篇关于理想的作文。大家

1 学习的高山：
孩子不需要家里再多个老师

的理想都很高远，念起来也是群情激奋。一时间，班里科学家、医生、将军横飞，覆盖了航天、物化、生物、医疗、军事等领域，世界上一半中流砥柱、人中龙凤都汇聚在此唾沫四溅地吹，好像离了这帮满世界抹鼻涕的小孩子，这个世界就要玩完了。还有一位同学说长大要当孔子，因为孔子高尚，打小就懂得让梨。虽然老师纠正他让梨的不是孔子，但仍然对其表示了赞扬，于是同学们还是被他的情操感动。

而我写的是：当一个不打人的爸爸。

后来老师把我叫到办公室告诉我说："当爸爸不能是理想，爸爸也不是个职业，你的理想太小了，所以你得写别的。"

"孔子也不是职业。"

"但是孔子品德高尚，是大思想家、大教育家，做了很多好事，影响了很多人。"

我反复论述当一个不打人的爸爸的重要性，坚决地表达了"小理想也是理想，苍蝇虽瘦也是荤菜"的意见。老师就更不满意了，说我的理想过于简单，过于简单的理想会让我止步不前。

老师拧开桌上的茶杯，一股茉莉花茶的香味散发出来，她喝了一大口。看着她咕咚一口把茶水咽下去的样子，我突然也觉得很渴。

"你想当爸爸，最多当自己儿子的爸爸，你又不能当所有人的爸爸。你管得了别人的爸爸吗？"

我想了想，觉得有道理，于是我说："那我想当个炮手。"

老师也许是觉得自己循循善诱的本领起了作用，终于在千钧一发之际拉回了一个道德高塔已岌岌可危的孩子，挑起眉毛激动地说："很好！很好！为了保家卫国，这就很高尚了。"

我说："那倒不是，我是为了把打人的爸爸们都装进炮筒子里，挨个轰上天。"我很诚恳。

"你去门口站二十分钟好好想一想！"老师也很诚恳地翻了一个大白眼。

那天的太阳很大，我走出门站到墙根，看见已经有一个同学站在那里了。
"你为什么在这儿站着，你写什么了？"我问他，"你的理想是什么？"
"当个警察。"那个孩子说，"把留作业的老师都抓起来。"
牛！他可能要站半个小时。

总之，我说这些的意思是为了表达我与写作的初识很不美好，并在之后相当长的一段时间内都让我困扰，写作——确切地说我不应该给写作抹黑——"写作文"是一件痛苦的事。

而旅游则是一件快乐的事。我认为把这两件事强行地结合起来，是非常变态的。就好像在冰激凌里浇了一碗热水——热水自然热不起来，冰激凌也没法吃了。

我所感兴趣的，我都很难写到作文里，而我又不太会编瞎话，所以为了完成任务，我不得不在外出时注意一些"作文里用得到但我完全不感兴趣"的事物，这就像浇了热水的冰激凌，很影响旅游体验。

比如，一个正常的八九岁儿童出去疯的时候，不太会观察太阳和云彩的光影，或去感受春风拂柳的意境，或去注意波光粼粼的碎金。他可能觉得折一根柳条抽东抽西，找个石子砍湖里的鱼给钓鱼者捣捣乱会更有趣味。但我知道如果我把这些写到作文里，少不了又得在窗户下站二十分钟。

其实我对美好事物也是有追求的，但那段时期，我宁愿把这种追求放在心里，而不是抒发出来，或者说不会抒发出来，我自认为可以做一个内秀的人——这种内秀虽然不外露，但早晚有一天会被别人看到。老师则显然不认可这种内秀，她担心我的世界观过于狭隘，变成一个低级趣味的人。

我坚持认为，对美好事物的歌颂应该是有感而发，为发而感就很不对路，顺序一错，不但感不出来，还影响正常的喜爱。

有一次，班里组织春游，去颐和园。

1 学习的高山：
孩子不需要家里再多个老师

前一天老师就布置了任务，说回来得写一篇有关春游的作文。善于写作的同学们完全不在乎这些，而像我这种能力不足心思又重的人，从早上就开始担心起来。平时作文因为没有目击证人，可以自由地胡编乱造人物和事件，只要立意上去了，老师就不太较劲。但这种集体活动，大家都在众目睽睽之下互相监督，写那些虚无缥缈的东西就比较容易露馅。

为了能写出东西，我进了园子就一直盯着周遭的环境，看看有没有什么值得一写又立意深远的事情，比如有没有掉在地上的钱包，或者看看是否有人乱扔瓜皮果核。眼光主要集中在这些地方，整个人就显得有些獐头鼠目，完全没有早上七八点钟太阳出来春游的气质。

突然，我看见前面有一个老太太拄着拐杖上万寿山，我心念一闪，这可以去扶一扶啊。刚要发动身形，只见身后蹿出好几个影子，如闪电一般，蜂拥而上，几个梯云纵就到了老太太边上。他们纷纷伸出魔爪，有的捏住肩膀，有的揪住胳膊肘，有的顶住后腰，没地方放的只能揪着老太太的脖领子。最可恨的是伸手往老太太胳肢窝那儿塞的孩子，你也不知道人家痒痒肉儿在哪儿，你这不是怕人不摔吗？

老太太可能是为了锻炼身体爬爬山，结果半路上蹦出这么一帮熊孩子，老太太着实被吓了一跳，以为是劫道的，使劲晃了晃竟然动弹不得，刚要张嘴喊叫，一瞅是一群小学生，只得乖乖认命，嘴里喊着"慢点扶，都能扶，别摔着我"，一路被架上山去，背影凄惨。

做完好事回来的同学们表情轻松，人家完成了最重要的事，下面就剩下玩了。我怨恨地看着他们，论速度，我都不好意思说自己是田径队的。这些事情考验眼疾手快，慢上一点儿，势必吃亏。

时间已近中午，吃了中午饭就得往回返了，我这素材还没有着落，心里更着急了。我为你翻山越岭，却无心看风景。

老天爷开恩，终于给了我机会。我当年目力远胜现在，一眼就看到了不远处的地上赫然有一张纸在随风摆动，那是五元钱！捡了这么多次钱，这次可是真的，还是一张五元的！

眼到腿动，心里念着这次再不能丢了机会，便冲上前去，五米，四米，三米……我眼中只有那五元钱。终于跑到跟前，我刚要伸手，那钱却被一只脚踩上去压住了一半。我抬起头来，是另外一个同学，一脸激动。我只得站起来，先踩住另外一半，然后跟他展开激烈辩论。

"这我看见的。"

"这我（重音）看见的。"

"我（重音）先动手捡的，你这是拿脚踩。"

"我（重音）先踩上就算我（重音）的。"

"踩着狗屎也算你的？"

"狗屎不算。"

"起开。"

"不起开，你起开。"

我们互骂了几句，我心想这么下去不是个事儿，有几个同学已经往这边张望了，要是大部队赶上来，少不了再踩上几脚，那就真完蛋了。

"分吧。"我说。

"行。怎么分？"他说。

"一人一半。"

"行，你算。"

"你算。"

"一起算。"

"行。"

当年的计算能力远不如现在的孩子，于是我俩踩着五元钱开始掰手指头。

"一人两块五！"

"我算的也是。"

"行，交老师吧。"

1 学习的高山：
孩子不需要家里再多个老师

我俩小心翼翼地弯下腰，同时揪住那五元钱的一个角，盯着对方的眼睛，慢慢地把脚挪开，生怕对方使诈。我俩就这么一人拿着一边儿，携手把钱交给了老师，并向老师说了我们的口头协议，说我俩一人捡了两元五。老师告诉我们说，捡的钱不能这么分，只可以说是一起捡的。

我终于也可以放心大胆地玩了。心儿欢快起来，昆明湖也美了，万寿山也绿了。

第二天我的作文得了个名副其实的优，这种心安理得的体验很少，我很骄傲，觉得可能会被拿到讲台上念。但是那次的范文是一篇论述"旧日皇家园林发展成今日百姓花园"的作文，老师亲自念出来并表示出强烈的赞赏。我听后也觉得此文乃神文，因为我基本没听明白——后来知道那孩子她妈是中学教政治的，我输在起跑线上了。

但事情并不可能每次都这么幸运，"不白玩"的主要手段还是靠编。放暑假，爸妈带着出去旅游也是，回回少不了编上几篇游记交差，只游不记是可耻的。

"本来就留了几篇作文，你还不趁机好好写写。"我妈经常对我说，"出来玩白玩啊？"

她为了保证我"不白玩"，并且不让我回去以"忘了"的理由搪塞，会让我在著名景点拿出小本本，把"该"记的都记下来。

我知道她是好心。我其实很想告诉她，几篇作文我是可以编出来的，就没必要影响玩耍的心情了。

很长一段时间里，我因为写作文而不愿出门，直到我通过自主阅读感受到文字之美。但这中间浪费了多少大好情绪，已经很难计算了。

倘若我当时能以单纯之心去记住一些事和一些景，哪怕真的只是一些不入流的小景物，只要它们还在脑子里，只要是真情实感，并且像现在一样，用更恰当的文字写出来，那一定是更美好的回忆。然而现在很多东西错过

了——想看的没看着,为了写作文而专注去看的,已经忘了。

就像隔壁包厢那位负责的妈妈,我很钦佩,然而我却下不去把孩子逼得上厕所的手。于是我只能放任自流,哪怕他真是白玩了、全忘了,在秀丽的风景里低头和泥,在壮阔的山川间专注挖坑打洞,我也没有办法。白玩就白玩吧。

此外,我现在倒越来越觉得那时立志当不打人的爸爸的我才是最睿智的:当爸爸不但可以是职业,而且可以是高明的职业;不但可以是理想,而且可以是高远的理想。这事不见得做不长远——当年我父亲的中学老师,是考上国内心理学专业的首届本科生,一路研究下去,成了国内心理学奠基人,且在儿童心理学上颇有建树。他带出的几十位博士,均已成为国内心理学专家。

他与我父亲关系甚好,我有幸听得我父亲转述他的几句教诲,虽然是只

1 学习的高山：
孩子不需要家里再多个老师

言片语，已令我受益匪浅——说句不敬的，他就是当爸爸当出了名堂，"管"起别人的爸爸来，我看也没太大问题。可惜的是我没尝到甜头——我父亲工作了很久后才与他老人家又联系上，这时父亲已经揍了我很多年了。

当然，我深知自己能力有限，所以自我定位亦不高，也不打算影响别人：我当这个爸爸，能够做到的最大成就，莫过于保持别犯糊涂。仅此而已。

听起来水平真不高，但做起来，真难。

谨慎喝鸡汤，我来刮刮油

春游回来写作文，是很多孩子的童年噩梦，这么说一点儿也不夸张。据我所见所感，出去玩一天，满打满算高兴的时候也就几个小时，而憋一篇作文的痛苦时间也少不了多少，里里外外，投入和产出并不匹配，所以很多孩子会抵触跟家长出门。

在"不能白玩"这件事上，我并不会对父母的出发点有什么苛责，毕竟我作为一个写文字的人，了解平日里的素材积累之重要。但写东西写得好，必须要有一个愿意写的前提，有一个想要表达的态度。你可以看到，真情流露时即便文字朴素，也带着无限美好，而虚情假意的辞藻再华丽，也裹着一层一眼就能看出来的油腻。

玩，还是单纯一点儿好，它唯一的目的应该是让人快乐，而这些快乐才是衍生出其他可能的基础。包括写作文。

教育孩子的同时，你也在被教育着

一个朋友找我聊天。他的孩子明年上小学，他觉得我把我儿子带得挺好，希望能从我这里取经，问我都给我儿子报了什么兴趣班，推荐一下。我想了想，不敢说。责任太大。

我曾经多次写过当代儿童与我小时候的孩子们的巨大不同，我认为观察和思考这种"不同"下的亲子关系，是一个家长应有的觉悟和眼光。不了解当代儿童，如何培养孩子呢？

时代变革之快，让代沟发生得更早也更深。比如，我在和我儿子交流时，我的很多人生经验他都只是当乐子听，他的很多思维方式我也需要一些时间消化。总之，你很难再高高在上大放厥词地做人生导师状，要谨防随时被打脸。

所以我跟朋友说："我没法给你建议。我不了解你儿子，每个孩子都不一样，脱离具体的孩子给你讲脸谱式的教育套路，就是耍流氓。我不是流氓，所以我只能跟你说，学什么不学什么不用问别人，你要做的是培养孩子把握自己的能力，慢慢让他学着了解自己，而你就踏踏实实地去尊重他的这种自我了解并提供条件就成了。明白了吗？"

他点着头说："嗯，明白了，你告诉不了我，因为你不是流氓，你也不是

1 学习的高山：
孩子不需要家里再多个老师

我儿子。"

我在此诚挚提醒各位，交友要慎重，不要跟傻子玩。

但是他问到报兴趣班这件事，确实勾起了一些我说话的欲望。

很多当代家长心疼自己的孩子，说他们现在学得太多，上学已经很累，还要上各种兴趣班、课外班。

在这个问题上，我倒觉得——这个意思我在三年前就表达过——人除了在学校学习知识，一定要在其他时间里有"怎么也要学点什么"的意识和行为。抱持"离开学校终于不用学东西了"的想法的人，从长期来看，恐怕也缺乏持续向上走的能力，甚至连维持当前状态都不太容易。

报兴趣班不是问题，问题是报兴趣班要干点什么。

说到报兴趣班那点事，很多我这个年纪的人都有话可说，因为我们自己小时候就没有闲着。20世纪70年代末、80年代初出生的孩子的家长们在那时逐渐有了培养孩子和互相比较的意识，让自己的孩子陆续开启了兴趣班的人生历程。

我在二年级时学过国画，可以说很早就有机会踏入艺术殿堂。这段持续了半年的国画课最终没能引领我走上成为国画大师的道路，因为学到后来，每次下课我脸上的墨比纸上的还多，跟同学打架胡乱甩到衣服上的墨点子比我认真画在宣纸上的鱼虾更美观。

通过我在国画上不断地刻苦努力，我妈在洗衣服技能方面也有了长足进步。我处女座的母亲为了留我一命，果断把课停了。我被艺术殿堂的门槛绊了一个大跟头后退了出来。

诸如此类的兴趣班我还上过一些，比如奥数，是当年流行于中小学的课外班。那时候奥数对升学还完全没有任何作用，家长之所以给孩子报，是因为他们觉得大家都在学。"隔壁老王家的儿子长得还没你机灵，他都能上，你为什么不能上？"这种理由很牵强，但倘若你按照"就是因为别人上了我才更不能上"的合理逻辑去跟你妈辩论，可能会挨揍。

当然，奥数对一般孩子来说也不是没用。比如，我们那些年学成归来的孩子们以能够迅速说出某年的天干地支为荣。路上看见俩孩子，一个喊出"1998"，另一个在转转眼珠后喊出"戊寅"，那不是在发癔症，而是高端兄弟会的内部交流方式，但这种能力丝毫不影响数学只考 80 分。

当年的家长们给孩子报班的目的大多不太明确，很多人给孩子报班的思维方式跟排队买馒头没有太大区别，主要是为了满足"别人都在学，所以你得学"的社会认同心理。孩子在这件事上没有选择，不在主流里学习，就在主流里挨抽，在这种情况下自己自然也不会上心学习，所以很多"被迫"学习的东西，到现在基本上都丧失了从实用层面到兴趣层面的意义。

当年给你报兴趣班恐怕解决的是你爹妈自己的心理问题。

在报兴趣班这件事上，我不得不说，当代父母比以往任何时候都更彷徨。

这倒不是因为当代家长们认为孩子不应该学一些校外的知识和技能，起码我认识的家长们都明白校内外的学习各有它的意义，但校外到底学点什么的选择实在是太难了。

十年前，家长们好歹还有个相对明确的方向，虽然方向极其固定，尽管理由特别单一，但也算有可以确定的目标：哪些对升学有直接好处就学哪些。

这个目标很功利，但我认为无可厚非。对绝大多数人来说，学习本来就有很大的功利性，就算在学校里学习也没什么两样，谁会去学"没用"的东西呢？

但这种理念放到现在就不太好使了，倒不是说现在的孩子有时间去学"没用"的东西，而是准确界定什么有用什么没用变得越来越难。难道我们过往的认知体系在当前完全崩塌了，难道过去的人生经验放在现在毫无价值了？

我们父母那代人认为一个人能不能吃上饭主要看学历、看专业。我当年

1 学习的高山：
孩子不需要家里再多个老师

报志愿时很多人会给出这样的忠告：什么就业广、什么专业热你就选什么。只要你学历高，只要你学的专业热门，就不愁吃不开。

然而若干年后却发现热门专业竞争十分激烈，因为学的人太多，多高的学历都能挤成一片。而掌握了当年家长眼里并不体面的、非主流的，在彼时家长嘴里的那些"就知道弄那些没用的"技能的不务正业的孩子们后来过得却特别好。他们在相当长的一段时间内没有去学大量同质化到饱和的专业，而是花时间去培养了自己其他方面的技能，所以他们现在可以用个性创造自己的人生。

我在社交网络上关注了一位很年轻的博主，她在欧洲设计和制作陶瓷工艺品，得过业内的设计奖，当地有很多知名餐馆、酒吧都来找她定制餐具，这份事业足以让她靠自己在欧洲体面地生活。如此优秀的一个人却一直不被自己父母认可，她曾经吐露父母认为她就是个做碗的，这位在别人看来已经在国际舞台上找到自己方向的姑娘在父母眼里远不如他们城市一个事业单位里的员工体面。

在某种程度上，她是幸运的，她坚持做了自己认定的事，于是走出了自己的路，但有多少孩子，在"你就是个做碗的"这一声音里回归平庸。

我说这个例子绝不是说社会普遍认同的知识体系或者专业是无用的，而是当代"有用"的标准远没有一些人脑子里想的那么狭隘。十年前的一些行当现在已经完全消失，而当下最红的一些职业，在十年前我们连听都没有听说过。

这个时代变化得比以往都快，知识更新也更快，快到一个人打算靠单一专业吃一辈子的机会越来越少，快到很多被别人安利去学习的东西还没到用时就已经过时了。有用的概念只是暂时的，很多所谓"没用的技能"，可能在几年后却发展成了极好的平台。今后一个人一生中拥有五六个为期五到十年的职业生涯很可能会成为常态。

我自己也面对着这种冲击，所以我特别理解当代家长在面对孩子教育时的最大困境是他们对孩子未来方向的无力把握。

人最怕的是未知，家长教育孩子时尤甚。

当代家长打了鸡血一样的情绪我非常理解，但如果方向不对，这些鸡血就只能转变为血压的提升。

我曾经不止一次写过一些当代儿童撅自己家长时稳、准、狠的事迹，这种情况如此普遍的原因并不是孩子们变得没了分寸，而是新旧一代交流必然的冲突。

家长常常对孩子不符合旧标准的处事思维方式心存疑虑，而孩子没有耐心和义务为了获得父母的接受而向他们普及自己掌握的新鲜事物。

一个朋友跟我聊到他家孩子，这个刚上初中的男孩有一些非常具有当代学生特色的学习习惯和方法，他的自主学习方式基本上不符合家长一代的常规标准。比如，他会利用一切互联网工具查资料，使用一些我们从来没有听说过的软件提高学习效率，看付费公开课，订阅一些英语教学类的播客。总之，如果遇到问题，他会利用手头上所有的资源去解决——死记硬背对他来说毫无价值，他的本事就是利用资源解决问题。他还特意去学习了视频剪辑，打算自己做 up 主分享学习经验，做内容输出。

我相信大多数家长如果看到自己孩子兜里揣着手机、胳膊下夹个平板说要出去学习，恐怕都要疯：连本书都不拿，学什么习？但现在就是有越来越多的孩子利用现代工具，跟玩一样就学起来了。

有一些孩子会约同学在直播室或开着多人视频通话直播自己学习，用以互相监督和交流；有一些会建立自己的云知识库，在任何时间、地点随时调取资料进行学习；我所知道的在公众号坚持做图文输出的小学生就不止一个。

当代青少年需要的恐怕已经不是父母甚至任何人的经验性指导。他们其中有一些人作为新一代学习者已经展现出了一些非常厉害的状态，那就是不仅仅学习知识，还懂得学习如何学习，学习自我成长，学习应对不确定，学习不论时代如何变换也可以马上适应的基础能力。

谨慎喝鸡汤，我来刮刮油

当今社会发展之快，决定了亲子教育的方式是动态的。我小时候，父母大多比较顽固，因为他们很难接受所谓主流标准外的一些教育方式和生存方式。

当年的父母面对孩子能偶尔动态一次——这一次眼光独到就可能让孩子终身受益——就可以算是成功的教育。而如今这种高速变化的社会，更能体现出动态理念的重要。

有一些教育经历的家长都了解，我们的经验、方法甚至知识都已不可再直接套用，甚至我们自己的生存之路都需要不断更新。在这一现实下，更忌讳在教育里动辄就用自己的眼光帮孩子往前看二三十年的远方。要知道，你的顽固孩子会继承，你不断学习的样子他会看在眼里，而你可以抱持宽容看待事物，那么孩子也会有更多可能。

你教育孩子的同时，也在被教育着。这才是当代家庭教育的常态。

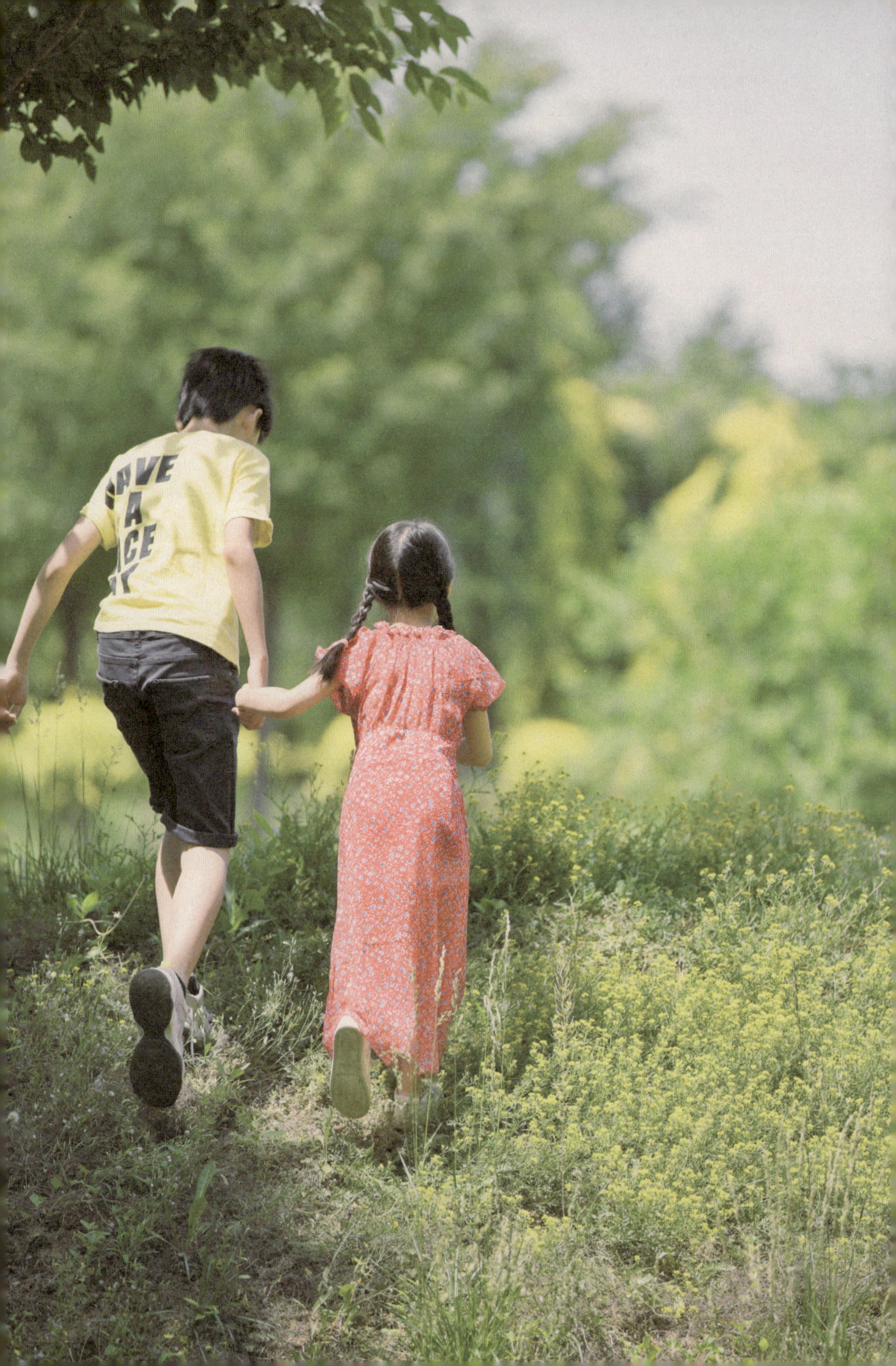

2

沟通的代沟：

好的父母，敢于放下家长的身段

松松言语锁链：勿以科学之名行旧事

清明假期，我带孩子出了趟门。孩子上学之后的行程安排几乎都是差不多的，所以，回程的火车车厢里全是各种年纪的学龄儿童。列车刚启动时非常安静，因为孩子们都在埋头写作业。放松了好几天，这几个小时该是完成本职工作的时间，在这一点上亲子双方都已达成共识。

坐在我旁边座位的是两对母子，一个孩子大一些，另一个孩子小几岁，两个家长互相认识，应该是结伴出行。大孩子写完作业，他母亲给他检查作业，发生了如下对话：

母亲："这道题怎么又错了？"

孩子："哪道？"

母亲："你自己看。"

孩子："哦。"

母亲："你这种题做了很多遍，为什么还会错呢？"

孩子："我不会做，也没有做过很多遍。"

母亲："不会？怎么不会呢？"

孩子："我真不会，没见过。"

母亲："你再看看，是没见过吗？"

2 沟通的代沟：
好的父母，敢于放下家长的身段

孩子："是没见过。"

母亲："这道题跟上面那道差不多。上面那道会，这道就不会？"

孩子："哦。"

母亲："那到底会不会？"

孩子："会。"

孩子终于承认，但怎么听都有点被迫的意思。

母亲此时趁热打铁放缓语气说道："儿子我告诉你，你不会做不可耻，会做但是做错了才可耻，会做做错了但说自己不会就更可耻。如果今后你走上社会，明明会做的事情你偏做错，做错了还说自己不会，那你想想，今后谁还会看重你呢？懂了吗？"

孩子一脸蒙，眼神放空，也不答话，涂改起来。母亲终于消停了。

一道错题，几个递进，孩子就被挂上了可耻的名号。

我这人比较没有素质，如果我工作做错了，按照规定，该批评批评，该扣钱扣钱，该处分处分，但如果谁要说我可耻，我恐怕是要发火的。

孩子写完了作业，前面那位家长站起来，回身开始跟这位母亲聊天。

两个家长说到高铁改变了大家的出行方式，三十分钟就从北京到了天津，孩子接话说："那要是飞机岂不是几分钟就飞到了。"

他母亲说："你这孩子说话就不过脑子，从北京到天津有坐飞机的吗？够起飞降落折腾的工夫吗？"

孩子不说话了。

这位母亲接着跟前面那位家长说："你说这孩子吧，说话就不过脑子，就跟完全不会思考一样。"

"孩子都这样，幼稚。"

"不是幼稚，这孩子平时就这样，说话做事没有逻辑，很多事情稍微过一下脑子就不会这么说。好多事明明都经历过，再说起来这事就跟从来没见过一样。"

另外那位家长笑了一下，孩子一直垂着头。

"你说他坐过多少次飞机了，提前俩小时到机场，他又不是不知道，坐飞机去天津，说出来都是笑话。"

"我们这个也一样。"

两个家长开始说起别的事情，孩子又是一脸蒙，再也不参与对话了。

孩子天马行空的想法就这么被束缚了，也许他随口说那句话时脑子里正想着一种现在还未被发明的短途飞行器和航路设计——如果真有几分钟就能到达目的地的方式，那敢情好。

但此时，他所有的言行都必须要符合当前的现实才算是"有逻辑"，否则便是"笑话"，如此说来，人类近代自然科学还真是都在讲"笑话"了。

另外，我这人比较没有素质，设想如果有两个人在我跟前，当着我的面说我坏话——先不管这坏话是否属实——我恐怕是先要发火了。

我转头跟我儿子聊了几句，回头看见那位母亲从怀里掏出一本绿色封皮的书，正在向另外那位家长介绍。我没有看到书名，但听她的话似乎是某个成功人士的自传。

"这书特好，我觉得当家长的都可以看看，书里面说的是他怎么一步步成功的，还说了很多家庭对他的影响。"

另外一位母亲回答："是吗？那还真得看看。"

大孩子的母亲转头跟自己的孩子说："我跟你说，一个人的成功，一定跟家里有关，一定是他的家里人为他付出了很多，一定是集全家之力去帮助他。我现在说的话，都是在帮助你，让你能更顺利，不然我何必跟你说这么多？"

孩子本来看书看得好好的，莫名其妙被拎起来倾听教诲，又是一脸蒙。

"你看这孩子，就是不能理解。"母亲摇摇头说。

我很遗憾没有看到书名，如果看到了我一定把这本书列入黑名单。

2 沟通的代沟：
好的父母，敢于放下家长的身段

一个人成功的必要条件，不是努力、不是天赋、不是机会，而是和家庭的付出绑定起来，母亲终于成功地表达了"孩子的成功都是吸血的原罪，孩子的一生都在欠债"的中心思想。

我这人比较没有素质，如果一个人在我面前说，你今天所有做成的事都跟我有关系，那恐怕我又要发火了。

其实，对孩子来说，尊严才是天大的事。

短短一段高铁之旅，足以让孩子蒙一阵子。

听起来很夸张，但这样的家长绝不是我见过的少数派，很多人都主动或无意地做过相似的事。

我一直觉得比起我们小时候面对的家长，当代家长更危险，更需要冷静思考。因为他们更懂道理、更科学、更有知识，所以足以造成更大的伤害。而且出乎我意料的是，我看到很多年轻家长——虽然他们小时候也可能尝尽了不正常的亲子关系的苦，却能在当了爹妈后美其名曰"自己有了孩子就成熟了，懂得了父母的苦"，于是双手捧起糟粕——亲手给孩子铸造了一条更加坚固的锁链，把一种巨大的焦虑带给孩子。

抛弃就事论事的小格局，见缝插针地在每件小事情中讲大道理；斩断孩子不切实际的飘忽思想，在符合现实的逻辑中建立价值体系；灌输家庭在人生中的重要地位的思想，植入亲子关系的无法割裂性。

以上三点真是制造一个"听话""懂事"的孩子的法宝——在这一点上，我的某些同龄人，真就把我远远地抛弃了。

面对正处于人生起步阶段的鲜活生命，我也经常感到困惑——在这个务实的孩子确实生存得更好的时代，我是否会坚持那些天马行空和不切实际？

我不敢说。

我经常思考家长与孩子到底是一种怎样的关系，也会反思我作为家长做过的事情、说过的话到底是否是我的初衷。我一直认为抚养孩子的难度在于对亲子观念的持续把握，我也不止一次谈到一定要引路而不铺路、抚育而不控制的决心。

这事挺难，但值得坚持。

我不敢对别人的教育理念指手画脚，我只能时刻告诫自己，千万保持清醒，不要在把孩子整蒙的道路上不遗余力。

谨慎喝鸡汤，我来刮刮油

当代家长的学历和学识整体比我们小时候的家长要高很多，更懂得在教育中讲科学、讲道理的意义，这是好事。但最怕的是教育理念毫无变化，以科学之名行旧事，一本正经地胡说八道，这无异于鸟枪换炮。一些社会新闻中的亲子冲突，有一些甚至发展成为弑亲的刑事案件。家长的学历都不低，然而在案件分析时，家长令人窒息的教育方式和控制手段，实在让人难以接受。

换句话说就是，越有学识的家长在教育中心里就越要有点底。能把火箭推上天的动力能源，一旦爆炸起来，杀伤力也不是一般的大。

挫折教育：别让自己成为孩子的"挫折"

有一次我去医院体检，在等待 B 超的漫长时间里，我看了一段爸爸和儿子日常生活的小视频。看完这段视频后我内心无比憋屈，那个孩子总是一脸慌张或眼泪汪汪的样子让我很难形容我当时的心情。以至于在做 B 超时内心仍然无法平静，转身转错了方向，本来人家大夫要检查我的肝，我却把左腰顶过去，结果挨了顿数落。

视频里这位父亲最大的特点就是不会好好说话。

比如，他可以因为孩子的衣服没整理好而突然对他喊起来，而且他特别喜欢用质问或反问这种压迫性和攻击性极强的语气来说话："会不会好好走路？""能不能好好吃饭？"

在与孩子沟通时——虽然我实在不太想把这种交流方式称为沟通——不是下达命令就是夹枪带棒：走路姿势不对，直接命令他回去重走，一次不行就多走几次，还会说出一些非常伤人的话，带着明显的嘲讽。

视频中有一段，这位父亲面相之凶狠，一般来讲，我只在地铁里互相抢座抢急了的人脸上才能看到，那时我会稍微站远一点儿，因为他们随时可能会动起手来。我很难想象这是一个父亲对自己五岁的孩子会做出的表情，而这一切只是因为孩子没有达到他的标准。

视频中有一段父亲给孩子洗脚的场景，他边给孩子擦脚边说："你连句谢谢都没说过。"随后他在评论区袒露心声，认为他这么说是一种教育，而他基本的诉求是如果今后孩子能给家长打盆水洗洗脚，那就算是培养出了一个特别懂事的人了。

倘若用"严父"来解释这种亲子相处的方式和态度，恐怕不能让人信服——严不严的先不提，话总是要好好说的吧。这种态度，也只有自己的孩子因为恐惧才会容忍，拿到任何社会场景里，估计不是一顿明里拾掇就是一顿暗中咒骂。这样的父爱，我是不能理解的。

我一般不去心疼别人家的孩子，倒不是我没有爱心，只是我知道人和人不一样，孩子和孩子也不一样，别人家庭的相处之道我未必能感同身受，从而做出合理判断。所以我很少针对某一个人的教育方式进行评论，遑论指手画脚。但是我看完这段视频，终于还是忍不住张嘴，这就是我屡次说过的爹味十足的家长。

所谓"爹味"，在我看来主要是太拿自己当爹，过于沉迷于当爹的感觉，以至于忘记如何当爹，以及为什么要当爹，把主要精力放在当爹这个职务上面，而不去研究研究怎么当个好爹。

中国某些家长有一些非常迷信的思维，认为只要经常给孩子好脸，就是溺爱，这孩子就得废，并且以此类推，最终发展到满怀着一种信念：如果让孩子过得太顺，今后他就成不了材。

这种非此即彼没有中间项的思维方式放在任何一个科学领域里都跟闹着玩一样，但在亲子关系里，很多人就是这么认为的。鉴于很多家长执着于这种信念，他们就要靠挂脸子和不好好说话以及时刻打击孩子来保证孩子受到了足够的教育，并以深藏功与名的姿态和"今后他总有一天会明白我的苦心"的心情，千方百计阻止孩子觉得他自己有什么能耐，否则孩子就要跌跟头，否则孩子就要吃亏，否则孩子就要被现实好好教育一番，并很可能一蹶不振。

这个道理听起来似乎没什么问题，甚至还颇有点说服力。但一个道理是

沟通的代沟：
好的父母，敢于放下家长的身段

要禁得住逻辑分析和现实印证的。而这种良苦用心显然两方面都不能满足。合理的逻辑应该是，如果你决定要给自己的孩子点颜色看看，那么你一定要确认，孩子经受了来自你的打击，就不会经受别人的打击，或者，孩子经受了来自家庭内部的打击，就一定会获得抵抗外部打击的能力。如果你可以确认这一点，你给孩子挖坑下绊儿，还算有点意义。

听起来有点绕，简单点说就是，A打击了孩子，是不是可以保证B、C、D不打击孩子？或者A打击了孩子，是不是可以保证孩子以后再也不怕B、C、D的打击？这显然不成立。家长就算天天把自己的孩子拾掇得七荤八素，也不能阻止在孩子的整个人生里来自其他方面的打击，当然也不能保证孩子可以不被其他的人和事打击伤害到。能够经受住现实印证的道理应该是，在有足够样本统计的前提下，得出一个具有因果关系的确定性结论：受过来自家庭内部挫折的孩子一定比没有受到挫折教育的孩子更强大。这显然更不对。一个人坚强与否，跟长期被自己爹妈拾掇和贬损没有任何因果关系，相反，我们可以看到常受父母贬损的孩子，长大了大多自信缺失，形成讨好型人格，不懂得拒绝，做事畏首畏尾，并且这些人常常会因为自己的口是心非和软弱产生严重的厌恶自己的情感。

很多家长认为这就是挫折教育，觉得自己贼科学，巨公正，特别不溺爱，可谓当代家长的典范，所以在给孩子制造挫折方面可以说是大刀阔斧，把孩子的性格凿得稀巴烂。且不说挫折教育到底有几分道理，也不说在已经含蓄过头的中国亲情氛围里，在很多人连对孩子的爱都不会正常表达的前提下，总是担心把孩子惯得不知道好歹了，家长们在内心里时刻都绷着这么一根"与儿斗争"的弦到底是合适还是不合适，单说挫折教育的定义，这种"爹味"也根本不是什么挫折教育。

所谓挫折教育指的是放开孩子的手，让他自己去尝试，要允许他失败，让他自己在失败中总结经验，获得前进的勇气，而不是抱持着"现在我要不给孩子点亏吃吃，今后社会要给他大亏吃"的态度，没有挫折制造挫折，走路挖坑，过桥砍绳，道路太平坦，还得绊一下。这种教育往往还会伴随着"男子汉""责任""坚强""扛"之类的话，把枷锁牢牢套上。男子汉可不是靠斯德哥尔摩综合征式的教育培养出来的。

爹妈在教育这件事里本应该起到的最大作用之一是不让孩子丧失希望，要以一个坚强后盾的形象出现，结果很多家长反倒不遗余力给了孩子最大的绝望，孩子连家门儿都没出去就蒙了：我可能真的不行吧。

即便是做成这副样子，很多家长可能还会把自己感动得一塌糊涂，如此苦心，感天动地，都是为了孩子好，还盼望着孩子怀着一颗感恩的心回报家庭，回报自己。

当然了，人各有志，比如，有一些中国父母对洗脚这件事格外执着，认为可以为父母洗脚的孩子是最有良心的体现，是做父母教育子女最大的成功。我曾经看过一个新闻，一个学校组织全校学生给自己的妈妈洗脚，好几百名年仅三四十岁的身手利落、行动自如的家长像缺胳膊少腿一样坐在那里慈爱地看着自己的孩子奋力地搓自己的脚丫子，简直像大型技校考试现场，可以想象那个洗脚现场亲情的味儿得有多么足。我就没有这种豪情和奢望，脚还是要自己洗自己的。

我没那么大当爹的架子，我想让我的孩子了解的是，他的人生目标由他去选择和实现。如果他有本事，他可以为人类的进步做出一些微小的贡献，当然也可以只做力所能及的事去服务某一群人；如果他有才华，他可以发挥自己天马行空的想法，获得一些人的认同，当然也可以按部就班地去做一些事务性的常规事情。只要是他自己认可的实现价值的方式，都可以成为他的一个或多个人生目标。但在他所有的大小人生目标里，最不值得让他付出努力和投入精力的，就是特意对我进行什么回报。孩子自有他们的天地，大有可为，而我的脚得自己洗，这是一个人还活着的最起码的尊严。廉颇老矣，尚能洗脚。

说回担心多给孩子点儿好脸孩子就要废掉的家长们，这个理论最容易被

沟通的代沟：
好的父母，敢于放下家长的身段

戳破的地方就是你可以问问自己，现实会不会因为爹妈主动先揍孩子一顿就会向孩子展现温柔，或者说孩子会不会因为先挨了爹妈几棍子再挨别人捶的时候就不疼。在我看来，现实的公平和残酷之处就在于它会给予任何一个人充足的挫折、教训和锻炼，不管是幸福的家庭还是不幸的出身。所以作为父亲，就没必要以一个添堵的形象出现在孩子生命里了。好好说话、好好表达，就可以教育得很好。很多家长希望借由自己的苦心教育，让孩子有抵抗残酷现实的能力，但令人哭笑不得的是，很多孩子长大后回顾成长经历时发现，爹妈给的苦比现实给的苦要残酷多了。有些父母担心孩子没办法应付生活的挑战，但有时候自己少闹点妖，孩子的生活可能就没那么多挑战了。

当然，我上面说的这些家长最多也只能说是糊涂，脑子拎不清，但还有一些"爹味"恐怕就没这么简单了，带着浓厚的以自我为中心的味道和目的性，那就是"做爹，一定要做最横的"。这种人的高压态度往往是用来确立当爹的地位和身份，以凌驾于父子关系之上的相处方式时刻拉着脸教育与不断打压孩子的态度让"本爸爸"的地位更加稳固。这样的人因为过于恶劣，我不想分析，只能诚恳地告诫他们，亲密关系里的伤害大多是守恒的，今日所施，他日所受，皆有因果，且行且珍惜。

谨慎喝鸡汤，我来刮刮油

文中的父亲是典型的对教育目的和方式都跑偏的家长。他的目的并不在于教育孩子，而是满足自己当家长的欲望。他做出的所有攻击性的表情，所有孩子"不达标"时的斥责和嘲讽言语，所有带着惩罚性质的命令，看似特别有原则，实则是在对孩子进行心理控制。

因为亲子关系的不可分割，家长可以很容易地对孩子进行心理控制，而这种控制，却被一些家长认为是"教育"，并且可以为自己的这种教育方式找到合理的理由。比如，不会好好说话是在进行挫折教育，因为给孩子过多好脸，势必造成他不怕父母，孩子不怕父母就会造成他的行为没有边界，长此以往，早晚会吃社会的亏。但挫折教育是孩子在经受挫折时家长对他进行鼓励，教他如何正视挫折，使他可以接受挫折，勇于面对挫折，并冷静地解决挫折，而不是没事找事地制造挫折。

家庭教育要以爱为基础，爱是希望对方快乐，而不是满足自己的标准；家庭教育的最大目标是让孩子有健全的人格，懂得如何自爱和去爱别人，自尊和尊重别人，自信和鼓励别人，而不是通过一己之力，让孩子丢掉爱的能力，看不到被尊重，自信碎落一地。

做孩子的靠山，而不是远离的对象

五一带孩子出去玩，看到这么一件事：

在人挤人的景点，一个小姑娘端着一纸碗面条边走边吃。

她面前走过来几个膀大腰圆的汉子，因游客太多，那几个人步履又急，孩子比较专注于面条，躲闪不及，被其中一个大汉撞了一下，纸碗被打翻在手里，有一坨面条洒在其胸口后落于地面，在她的白衣服上留下一片印迹。撞她那个大汉也许是不知道这一撞的后果，又或许身体差距太大根本就没觉得撞了谁，头也没回地走远了，留下那个小孩原地捧着那碗面手足无措，有点慌张。

突然从人群里钻出一名女子，那小孩看见那女子就赶紧靠过去，对那女子说："妈妈，面被打翻了，那个人撞了我一下。"

女子以极大的音量喊道："我看见了！我早就跟你说，这里人多很乱，不要买东西吃，你非要吃，饿饿饿，你就那么饿吗？忍一会儿都不行吗？你瞧瞧你的衣服，刚买的，还说喜欢，你就这么喜欢？我告诉你，这件衣服洗不干净了，你就脏着穿吧，今后再也不给你买白衣服了！"

小姑娘看了看自己的衣服，终于哭了。

我似乎可以理解这位母亲的怒气：原本一切都挺好，给孩子穿上她喜欢的衣服，带孩子出来玩，提醒过孩子人多混乱，最终却搞成这样——我当然也不相信今后她就不再给孩子买白色衣服。我无法忍受的是这怒气的走向。

在我看来，无论是这小姑娘肚子饿，还是她被人撞翻面条污了衣服，都不能算是孩子的错。她也绝不可能了解自己仅仅是为了填饱肚子和弄脏自己喜欢的衣服会有什么必然联系——事实上这两件事的确没有必然联系——但如果小姑娘在知道"吃东西一定会导致衣服弄脏"这个（假设）必然联系的前提下让她选择，我相信她一定会有取舍。即便是小姑娘自己打翻了面，也没必要用这种方式解决。

而此时，她的哭泣恐怕已经转移到那件洗不干净的衣服上了。

我有两颗残齿。其中一颗是因为自己调皮，打架时弄断了，另外一颗是当年加入田径队前在篮球队里搞断的。

当年我算是队里比较小的队员，而且身体尚未长结实，只是占了个身体灵活跑得快的优点入了队。我记得那天教练安排了一次实战对抗，十几个队员分成两拨打比赛，大家都打得很投入。

在一次控球进攻中，我发挥自己能跑的优势，运球迅速前突，很快就冲到篮下，正待用学了不久的三步上篮走一个。这时，后面追上一个身体强壮的孩子，在我已经身体腾空后跳着撞过来，我被撞飞出去，斜着飞了一会儿，侧身摔到地上，先是肩膀，紧接着是脸和嘴。

教练慌忙跑过来，问我有没有事。我站起来活动了一下身体各个部位，觉得没有什么阻碍我活动的伤痛，摇着头吐出半颗门牙，有点慌神。教练看了看，突然以一个过来人的语气说："脸上擦破了点皮，牙齿还会长，男子汉没问题！"

我在那一刻安下心，认定自己无大碍，主动要求继续比赛，但教练拒绝了，此后也没有再让我上场。

晚上我回到家，被我爸妈劈头盖脸一顿臭骂，他们说我脚底下没跟，别人不摔就我摔。尤其是看到我的断齿后，更是大骂我傻。

我说："教练说牙齿还会再长的。"

他们说："恒牙还长个屁，你这门牙就算毁了，豁牙了。别人说什么你都信，你是不是脑子有问题？！"

他们在第二天就迅速去解决问题了，找到教练理论，让他为带着欺骗性质的和稀泥行为道歉；找到撞我的孩子家长，用一些技术手段和材料为我接了半颗假牙。这件事放到现在是一件不得了的事情，说严重些算是毁容，搞不好要打几方的官司，但在三十年前，这种结果已算是妥当。

可我几乎无法忘记那一天晚上我所受的痛苦和羞耻。首先，我是被同龄人撞翻了；其次，我一直很信任的教练骗了我；最重要的是，我父母的态度让我觉得我脑子真有问题，我有必要重新审视自己，以前那扬扬自得的我只是没心没肺的狂妄，其实自己是很傻的，造成这样的结果，这都是我的错。

这种羞耻感远比身体上的伤害更持久。

我刚刚小升初的那个暑假，我母亲发现我双手的拇指、食指和中指以手心手背为界有一条非常明显的色差带，就是手背那半部分极黑，手心那一面则白得明显。

在一个下午，我母亲带我去了我家附近的医院，给我挂了皮肤科。

那天，诊室里没有开灯，但阳光足以让整个房间明亮。从打开的窗户吹进了一些外面的热风，而电风扇吹出的是稍凉的风，它们混杂着医院消毒水的味道向我席卷而来，让我难以呼吸，甚至有点恶心。

医生仔细看了看我的手指，让我翻了几次手，在那道界线上按了几下，斩钉截铁地做出了诊断：这个症状，是白癜风，如果不及时治疗会越来越严重，整个手背乃至双臂都可能会花掉，也不排除在其他部位，比如面部出现。

我母亲再三确认，医生还是做出了确诊的态度。他给我开了外用药，那是一个拇指大小的玻璃小瓶，里面装着透明的液体，让我回家用棉签蘸着每天在患处涂抹一次。他跟我母亲说，减少吃富含维生素C的食物，如橘子、橙子，没事就用手指摩擦患处，不要暴晒，这些都有助于症状的缓解。但最重要的是，要保持心态放松，因为这个毛病，主要是心理紧张导致内分泌和免疫系统出现问题而产生的。

走出医院大门，近处地面和远处房顶反射的白光刺得我睁不开眼睛，气温仍旧很高，滚热的风刮起来，让我胸口更加憋闷。

我母亲走过来跟我说："你知道这东西会越长越大吗？"

我摇头。

她更加激动："这东西可能今后满身满脸都会长，可能一辈子都下不去。"

我点头。

她问我："我真不明白你有什么可紧张的！"

我想了想我的过往，基本上是属于浑不吝范畴，被老师罚站了一个月我也没觉得害怕，我不知道我哪里紧张过，甚至能紧张到这种程度。如果要我自己说，我敢肯定我没有什么可紧张的，但倘若我说没有，我又无法解释手上这东西的来源。我不知道该如何回答，只是低着头站在那里。

我妈突然踢了我迎面骨一脚："你怎么什么病都得啊？是不是想让我急死？"说完，她就哭了。

我大约上了小学高年级以后就很少哭，即便经历过很多在那个年纪不算小的事。我妈那天的那一脚踢得一点儿也不疼，但我却哭得一塌糊涂。

此后的一段日子我过得战战兢兢。

我不敢在外面玩，因为夏天阳光强烈，医生说过，我应该避免阳光暴晒；我在吃橘子的时候也会想到医生说的话，把吃掉一半的橘子扔掉；而最重要的是，我开始因为害怕紧张而紧张，越害怕紧张就越紧张。这种情绪让我无法控制，以前我丝毫不走心的事，放到那时都会让我紧张。到后来，我甚至在事情做到一半时会毫无征兆且莫名其妙地感觉整个心脏缩一下，好像被谁

沟通的代沟：
好的父母，敢于放下家长的身段

用力揪了一把，似乎在提醒有什么事情需要我担心，但仔细想想又好像没有什么事。只要这种感觉一上来，不管做什么事都索然无味了。

我闲下来会观察我的手指和手臂，但又害怕同学们看出来。我刚升上初中，需要交朋友，我不知道别人知道了我有毛病会有什么反应，所以我只能偷偷看；我会经常照镜子，仔细检查我的脸和脖子，确定有没有斑点出现，如若哪里有一些奇怪的颜色，就足够我惶恐半天；我每天都会用尺子量那白色界线的长短，并因些许数据的变化而惊慌，直到确认那是测量的正常误差。

还有一件事我必须做，就是搓手，用我"罪恶"的手指互相摩擦，以求达到医生所说的效果。起先我必须提醒自己这么做，但经过一段时间后，我一紧张就会不由自主地揉搓手指，这种习惯延续了很久。

我当时乖了相当长一段时间，甚至有些过分听话，我认为我那时必须听话，人必须得为自己的错误负责。

我病了，我错了。

我父母用尽办法找到一家所谓专业医院的专家给我开了中药、西药内服外敷，每个月骑车一个半小时去给我取药，并到处打听各种偏方。

这件事几乎耗尽了他们在那段时间所有的业余精力，即便到现在我回忆起来仍旧觉得他们为此付出太多。但这件事后来以一个相当让人啼笑皆非的方式结束：手上的这道界线并没有越来越长或者越来越明显，而是随着那个无比炎热的夏天的过去而慢慢变淡，到了寒假的时候，几乎看不到了。

此后我再去其他医院检查，没有医生说我有过什么毛病，他们说这种情况很有可能是那个夏天的阳光让我的皮肤发生了一些什么变化，现在虽已无迹可循，但可以确定的是，这几个月的时间并不足以让白癜风这种疾病痊愈到完全看不出来。换句话说，我并没有得过这种病。

在确定了这一点后，我既未生气，也没惊喜，只是觉得如释重负。我认为到了放下的时候，但很可惜的是，我发现我变得容易紧张并且神经兮兮，敏感且多疑。

我并不想将我这种性格归结于这件事，我尽量去认为它可能只是一个开启这种性格的标志性事件，我本来就是这样的人，这么想会让我好过。但有一件事我可以肯定，我并不像我认为的是一个洒脱的、随心所欲的、勇敢无畏的人，而且今后也不会再是了。

我在这件事之后了解到，一个人的心理防线有多么脆弱。

为人父母后，我多少可以体会我父母当年那些近乎气急败坏的情绪的来源，因为他们所担心的那些事的影响真的很严重，他们不希望我小小年纪就去承受这些影响，他们并没有欺骗我，比如断掉的牙齿，比如白癜风。

但他们没有意识到一点：事情已经发生了。

我姑且称这种事情为人生的"黑天鹅事件"。这些黑天鹅或大或小，可能没有任何征兆，并且没有任何人主动去做过触发它的事，它就那么无缘无故地发生了，有时确实让人难以接受。

在遇到成年人向你倾诉他人生中的黑天鹅事件或需要你帮助的时候，我相信大多数人不至于傻到先去用尖锐的语言指责对方一番，这种事几乎只可能发生在亲子之间。面对最亲近的孩子，家长就会用一些毫无情商的态度去对待。

我人生里的这两件黑天鹅事件让我记忆很深刻，因为它们开启了我的自我怀疑和自我苛责的过程。这种自我怀疑和苛责一直跟随我，以至于直到现在，我遇到问题后经常会产生"我一定是做错了什么才要承受这些"的情绪，而且久久走不出去。

在那之后，我遇到问题时几乎不敢不假思索地去跟父母商量，而是会考虑很久，衡量利害。我不知道他们会不会站在我这边，我是否还会先挨一顿责备，然后让我更加内疚，所以只好放弃，虽然有时候我真的需要有一个人去依靠。

2 沟通的代沟：
好的父母，敢于放下家长的身段

父母总是对孩子抱以巨大的期待，他们付出自己的全部去保护这个孩子，用自己全部的人生经验去教育他。他们如此投入，以至于无法接受孩子身上还会再发生这些黑天鹅事件。一旦发生，他们必须在解决它之前先为它的发生找一个情绪发泄点。

这种发泄性的情绪往往以一种恨铁不成钢的、痛心疾首的，甚至歇斯底里的方式展现出来，而在事情过后，家长会认为那是过分爱孩子而无法控制自己的表现。但事实是，家长面对问题时先责备的态度，在当时无异于会成为另一种伤害——有时甚至比事情本身更具有伤害性，让黑天鹅升级。即便家长后来很好地解决了问题，但当时至亲之人造成的影响，是很难挽回的。

这种做法，离爱很远，而这种伤害，足以摧毁一个孩子的全部心理防线。

了解我的人都知道，我并不喜欢吃人血馒头，所以之前那个十七岁跳桥少年事件出来后，我并不打算去写点什么。我看到很多人以各种角度去讨论，后来各种论调终结于"没在车里，不了解情况，不该盲目去指责那位母亲，所以大家不要讨论了"这种看似中立的态度。

我不想脑补在车里发生过什么，但我更不认为这种中立态度有多么高明和客观，倘若以"是不是亲历者"作为有没有权利讨论的标准，那么也没有什么事情可以讨论了。我只想说，不管在车里发生了什么，一个孩子如果在遇到问题后能够把自己的父母当作靠山，就不会选择以如此方式远离。

孩子不但要面对自己的问题，还要在极大的压力下担心父母的反应，这是以爱之名实施的伤害。

很多事情不是一天造成的，这就是为什么我虽然在那件事发生后没有说话，但在看到一个小姑娘打翻一碗面后家长的态度时，忍不住要说点什么。很多结果，是一种积累。

成长绝不会是一趟全程愉快的旅程，孩子遇到问题时，他们会难过，甚至内心在承受着巨大痛苦。不管是打翻的面、弄脏的衣服，还是磕断的牙齿，对当时的他们来讲，都是很难过去的坎儿。家长是在第一时间作为他们的靠山，帮助他们更好地解决问题，让他们受到最小的伤害，还是本身先要以一个伤害者的姿态来发泄一番情绪，成为他内心的另外一道坎儿，这很值得思考。

作为我自己，我不希望我的孩子在遇到人生黑天鹅事件时痛苦加倍。我尽管内心煎熬也要咬牙控制情绪，作为他们的靠山，一起去面对和解决问题。我会告诉他们，并没有什么过不去的事情，一切都可以以恰当的方式平静地解决，即便是无法完全解决的，那也只是人生的一段经历，它不会也不应该全面影响他们的人生。

这种事，没什么不能讨论的。我觉得，这是作为父母应有的担当。

谨慎喝鸡汤，我来刮刮油

父母爱不爱孩子，这看似毫无讨论的必要，但在实际"爱"的过程中，却变成了一个很难回答的问题，因为爱不仅仅是一厢情愿的感情叙述，更是一种影响深远的操作方法。一旦情感、目的和结果形成了差别，就很难再单纯地用出发点去衡量或者总结爱与不爱。

孩子因父母而出生，且会在相当长的一段时间里依赖父母而长大，所以父母在孩子心里的高度是天然存在的。父母之于孩子高大如山，这是一定的，但区别就在于他们是让孩子们踏实的靠山还是令他们难以翻越的大山。

孩子在人格构建过程中会遇到很多令他崩溃的事情，这些事情可大可小，有一些确实是值得关注的，而有些看起来过度紧张，甚至在成年人看起来有些可笑，但在孩子心里一定都是难以自我消化的巨大困难。在成长中不断崩溃和弥合，让他们学会了如何面对困

沟通的代沟：
好的父母，敢于放下家长的身段

难，逐渐建立坚强的人格。而在这一过程中，家长如何表达爱至关重要，成年人对自我情绪的不当把控，对孩子的不当回应，在孩子处理困难时表现出的不当方法，让一些"爱"反而成为巨大压力，有一些甚至会带来比困难本身更大的伤害。

在处理孩子的困难时，家长需要表现出稳定的情绪和适合的态度，并可以提出不在情绪层面上的科学解决方案，对孩子提出的困难进行合理分析以及对其后续影响做出适当判断，对解决问题抱持积极态度，而并非专注于问题本身。在这样的态度的影响下，你的孩子才能学会坚强、勇敢、冷静的处事方式。反之，孩子可能成为一个被情绪控制，遇事积攒压力而非疏导压力，不敢面对困难的人。

父母都不希望成为伤害孩子的人，所以，你的爱，需要一些智慧。

家长的一句判断，可能会让孩子自我否定

前一段时间，我带孩子出去玩，在爬一座小山的时候遇到一队游客，十来个人热热闹闹，看样子应该是几家人在暑假里相约出游。

这一行人里有四个孩子，三男一女，年纪相近，也就二三年级，很活泼。天气炎热，几个孩子各自举着冰激凌边走边吃。对孩子来说，暑假出来玩开心，暑假和伙伴出来玩开心，暑假和伙伴出来边吃边玩就更开心，气氛非常欢乐有爱。

突然，一个小胖男孩不知怎么搞的，举着冰激凌往嘴里送时似乎脚下一绊，一坨被晒化的冰激凌掉到他胸口之上，顺着衣服黏糊糊地往下流，停在鼓鼓的肚脐眼处。

孩子露出慌张的表情，赶紧看向众人中的一位女士。

我心说看这孩子的表情，妈妈恐怕在家里是个人物啊。那位女士看到此景后快步走上前来，打开背包，掏出餐巾纸，几下就抹了个干净，展现出中国母亲的利落能干。然后果然张嘴说话了，我替孩子紧张起来。

妈妈平静地说道："算了算了，下山再买一个吧，到时候再挑一个别的味儿的。"

我当时就被感动到了。

这简直是理想中的妈妈啊！孩子，不是叔叔说你，你也太不知足了，你妈安好，便是晴天，你又何必哭丧着脸？四舍五入，你等于吃了俩，有妈如此，子复何求啊！

我不禁为当代父母的涵养叫好。当我内心的小人儿为此情此景拍手时，只听妈妈继续说道："吃东西从来就没利落过，就这样还要自己去夏令营？"

在这一刻我突然理解了孩子的表情，前面说得虽理智，后面补的这一句才是重点。

无独有偶，几天之后，我在巴黎迪士尼的一家纪念品店里遇到一对母女。当时那个女孩跟我女儿一样，游走在几个商品架间，努力让自己在精致华丽的各种玩具中做出选择。说实话，迪士尼纪念品的吸引力实在很难让人抵挡，碰见几个喜欢的东西一点儿也不奇怪，难以抉择的感觉我是可以理解的。

最终小姑娘拿着一盒公主玩具、一个毛绒玩具和一个公主发卡，跟她妈妈说："妈妈，你说我买什么呢？"

妈妈说："你喜欢什么就买什么呗。"

女孩举起毛绒玩具说："那这个吧。"

妈妈："这回选定了？"

小女孩想了想说："我再看看。"

妈妈说："都半天了，你快一点儿吧，再在这儿耽误，表演就要开始了，别人都开始占位置了，你别大老远过来玩，因为买这些玩具而错过了表演。"

坦率地讲，妈妈说的不是没有道理，出门旅行时间很有限，很多时候得安排好时间，尤其是这种有固定时间安排的节目，错过了会很遗憾。

女儿听了这话，看了看手里的玩具，还是在犹豫。

妈妈说："要不你买两个。"

女儿听了这话，下定决心选了毛绒玩具和发卡。其实这个妈妈能提出买两个，挺不错了。

妈妈说："早选出来咱们就早去占位置了。"她拿着这两个玩具快步走向结账台，"买点东西老这么费劲，看不见表演你别跟我哭，永远都没时间观念。"

这句话足以抵消获得两个礼物的喜悦，小女孩的嘴角向下撇去。

前面那位妈妈的"从来"和这位妈妈的"永远"，都是原来的配方，还是熟悉的味道。

有一个段子说，如果你妈出门的时候看见你拿着手机，你妈回来后你正好也拿着手机，那么你妈会觉得你一天都在玩手机，而且，你一天到晚只会玩手机。

这个段子很形象。

比如，我妈总体来说是一个思路很清爽的人，遇事也算是不犯糊涂。她那个年代的人，基本赶上了时代造就的所有变革。但在我的记忆里，她没有因为什么生活上的苦难而表示出不理智的态度或使用激进的处事方法对事物进行武断的判断，算是个明白人了——唯独遇到关于我的事情时她却很喜欢放狠话。

这导致在很多情况下，她在教育我时我不怎么爱听，因为我认为一些很简单的事情，我妈却总是酷爱直击人性。

比如，她哪天看到我写作业字迹潦草，那么我一定"写字就没写好看过"，也一定会在长大后因写一笔烂字错过某些工作机会；比如，我暑假贪玩不爱写作业，喜欢拖到最后，那么恐怕我是一个"从来不爱写作业的人"，今后我也会成为一个能拖就拖不求上进的人，从而被时代抛弃；比如，我吃东西的时候弄脏了衣服，那么我就"没有一次不吃一身的"，自理能力绝对很成问题，足以让我今后无法体体面面、干干净净地生活。

她彻彻底底贯彻着"三岁定八十"的原则，在这个原则之上，她善于使用一些诸如"总""老"这种增强语气的副词和"一直""从来""一天到晚"

2 沟通的代沟：
好的父母，敢于放下家长的身段

这种概括性极强的词汇用以增强说服力，兢兢业业地在我成长的各个阶段告诉我我是一个没用的人，并为我规划今后失败的人生方向。

这种放狠话的谈话方式很不科学，因为它并不是建立在事实基础之上的，所以这种话一出口，就注定我无法跟她进行友好而平和的交流，而她就更不可能达到教育的目的。

这种方式有点像现在编一个故事就为了硬给你讲道理的鸡汤文章——道理可能也没什么大问题，但是生编硬造的故事就是让人抵触。

当年在我周围，如此说话的父母不在少数。有一些孩子看似听多就习惯了，但其实他们很多人在无意识中失去了一些珍贵的特质，还有一些则爆发出巨大的离家意愿，一旦自己可以独立，便极少再想回去。

若干年后，直到我足够成熟，多少能明白她在说出那番话时想表达的意思或她真正的想法时，我的个性早已定型。直到现在我对这种说话方式仍然持反对态度，但也能了解这种所谓标准的刀子嘴豆腐心是一种广泛存在的相处方式——不管心里怎么想，嘴上必定不会好好说话。似乎不拿大鞭子抽着，人就会懈怠。但这种刀子嘴并不会有什么激励作用，不断消退的自信和时刻自我怀疑是我那时最大的收获。

这个收获伴随终身。

许多家长在与孩子交流时，一贯有说话刹不住车的传统。

不知道是不是因为作文学得太好，还是思想具有相当深度，在教育孩子时，不管因为什么事情，不管前面是以什么话题起头，不管接下来说出怎样的话，不管以何种语气交谈，结尾时往往都要升华一下、延伸一下、展开一下、深入一下，辅以欧·亨利式的转折，精准掌握"三句半"精髓，必须抖个大包袱，力求让对话整体趋于厚重，把孩子整糊涂。

而在此基础之上，家长尤喜盖棺论定式的概括总结，比如通过一件小事迅速做出对孩子某种品质的判断以及对孩子未来的预测，其因小见大之程度令人咂舌。

我认为很多事情都有因果。

孩子们不是石猴，从山里蹦出来就一身神通，谈到抬杠，估摸着很多人都来自家传。以我的亲身经历和所见所闻来看，许多人抬杠的本事比起家长不遑多让。

"哪天不折腾你就不舒服。"
"除了闹没别的本事。"
"说多少遍就没听过。"
"从来就是这副德行。"
"什么没用学什么。"
"只会顶着来。"
"永远不懂事。"
"就知道玩。"
"就这个成。"
"就知道吃。"

我见到过很多喜欢如此说话的家长。这些话如此轻松地说出来，以至于大家都麻木了，但这些话里有多少是事实，大家都心知肚明。很多时候，确实是孩子犯了错误，我作为家长，多少可以理解爹妈在遇到这些事时心里爆发出的烦躁。

家长们有自己的喜怒哀乐，生活压力太大，甚至有崩溃的时候，谁也无法要求家长成为一个超人。但在成年人的职场之上、社交之中，我很少见到这么说话的人，多少都能控制住，只有确定这么说毫无代价时才能张嘴就来、随心所欲，但跟孩子说这些话真的毫无代价吗？我作为一个当年被拾掇过的

2 沟通的代沟：
好的父母，敢于放下家长的身段

孩子，知道这种不能就事论事的说话方式对孩子的巨大伤害——同时被伤害的，还有亲子关系。

我国法律尚且贯彻疑罪从无的原则，谁主张谁举证，不符合事实的话不能张嘴就来，更不能随便定性。但家长在跟孩子说话时往往直接奔判决结果去，量刑还是按最重的来。

你跟孩子无法沟通，大多数时候是因为没有好好说话。

许多家长其实挺亏的，不论是心血还是时间，不论是精神还是金钱，不论是情感还是身体，都付出了很多。该干的都干了，该去的都去了，该买的都买了，该吃的都吃了，该花的都花了，掏心掏肺、牵肠挂肚，但很多时候却不落好，全废在了一张嘴上。

倘若不收起刀子嘴豆腐心而做到就事论事，那恐怕这种"亏"，也只能说是自找的。

当然，话说起来容易，做起来未必很简单，人就是人，头脑一热，什么话都可能说出来。所以我在需要控制情绪时，经常会把我和孩子换一换角色，设想，如果我被别人这么说，会是一种什么感受。

比如，我写了一晚上的文章，写到半夜越写越精神，第二天还要六点半起床去上班，于是我打算喝一瓶啤酒来助眠。刚打开瓶盖还没倒进杯子，我儿子走过来说："喝吧，喝吧，酒精是一级致癌物，懂吗？你也是一个中年人了，不懂科学、不求上进，成天就知道瞎写，整天就知道喝，什么没用干什么，心里永远没个谱儿，说多少遍也不带听的。知道喝酒什么结果吗？肝硬化！"

我肯定委屈得哭出声来。

这样一脑补，就什么情绪都能控制住了。

谨慎喝鸡汤，我来刮刮油

有些家长在教育孩子时特别喜欢搞寓言故事那一套。所谓寓言故事的标准格式，就是从一件小事里参透人生大道理。这种方式如果在阅读书籍中使用，大多数人是可以接受的，但在亲子交流中使用，就难免让孩子抵触。

教育不是不能延展，然而终究要有限度，也要有气氛烘托。比如，在和睦的气氛中交心，可以尝试就孩子的一个问题与他进行开阔深入的讨论，而如果是在冲突或矛盾当中，就切记不要在现实层面上讨论问题，从而延展发散到不相关的事物上去——尤其是给孩子下定性结论的话，一定要慎重。家长的一句判断，可能来自一次气愤的冲动，但很可能给了孩子心理暗示，从而对他的自我判断产生影响，甚至开始自我否定。

家长不能总去进行宏大叙事，有一说一，就事论事，是家长在家庭教育中的能力体现，也是成年人成熟的标志。想让孩子听进去，就要用孩子能听进去的方式。嘴上没有把门的那种父母，有点像天天给你画饼的老板，画得多了，不但让人不能信，甚至一张嘴就让人烦呢。

幼稚不是犯傻,而是一种思维方式

暑假是带孩子出去玩的好机会。

小孩子出游的心性有一个特点,就是一定要玩得起来。大山大川抵不上一片草坪滚一圈,悬崖峭壁不如一片沙滩踏一会儿浪——美归美,摸不着碰不到的都是白费。所以我们现在带孩子出来,一定会安排一些能玩起来的地方,游乐园是一个很好的选择。

假期前两天我带孩子逛了一个乐高主题公园,我儿子进了园区就各种不能把持,到处疯玩不能自拔。乐高这种玩具很厉害,极考验玩家的水平,也很能显现玩家脑子里的东西——可以胡乱拼插,也可以玩成艺术家。我对这种玩具打心底里敬重,次次见到都会因为自己小时候没玩过而感到可惜,每次给孩子买上一套,都要强忍住不拆包,压制自己上手的冲动。

我儿子四处乱飞,我就缀在后面观赏。既然是乐高乐园,那必然要有乐高特色,园里的各种装饰都可见乐高元素,一花一草一景,都是各式乐高拼插look。一个小孩指着一条巨大的乐高鳄鱼感叹:"哇,这都是怎么拼出来的,能拼出这个的人实在太牛了!"他妈妈在边上很淡定地说:"你傻呀,这能真是拼出来的吗?这只是为了配合园区的风格,利用工艺做出来的类似乐高的拼插效果。要是都这么拼,还不都掉了呀?不信你去摸一摸,看看能不能抠下来？"孩子走过去一抠，果然抠不动。"嗨，原来如此。"转身走了。

这东西到底是怎么做出来的，其实我也不知道，坦率地讲，这位母亲说的很可能没错，这玩意儿肯定不能靠拼插来布置出一整个园子，但即便是工业化产品，也都是人设计出来的，所以我觉得她大可不必在这种无趣的方向上展示自己在科学技术方面的博学，不仅没显得自己高明，还败了孩子的兴。

这已经不是我第一次看见成年人如此不合时宜地一本正经了。

头几年我带孩子去迪士尼乐园时，也数次听到家长给孩子直接或间接地进行科普。

一个小姑娘在 Land 园区里问：白雪公主漂亮还是灰姑娘漂亮？妈妈回答：这都是请外国人演的，演员漂亮公主就漂亮。

在 Sea 的园区里，一个男孩专心地观看一位装扮成骷髅的演员用形体表演隐形狗，他妈妈在身边温柔地叙述：这个世界上没有活的骷髅，那只狗也不是隐形的，是这个演员用形体来让人以为他牵着一条隐形的狗。而此时我正装出一副害怕被狗咬到的样子逗我儿子，整个人显得像个傻瓜一样。

同一天在同一个乐园，路遇一位打扮成清洁员的表演者利用垃圾桶和井盖来表演并与路人互动，几个日本小姑娘被吓得尖叫后哈哈大笑。而我身边的一位父亲，则相当耐心地给儿子讲解这到底是什么技术和原理，表演者腰上有一个喇叭，箱子里装了什么样的机关，那个井盖有着怎样的奥妙，一脸洞悉天机的骄傲，生生地把迪士尼玩成了科技馆。他儿子看起来不会超过五岁。

还有一个孩子在问米老鼠怎么那么大的时候，家长却在关心穿一身米老鼠外套的演员热不热。在怪兽大学里，一个家长告诉孩子，这个世界上是没有怪兽的。

有一回在环球影城，我给我儿子买了两支魔杖。我曾经在卖《哈利·波特》原版书的时候装扮过哈利·波特，对各路咒语相当熟悉，于是，我拿着

沟通的代沟：
好的父母，敢于放下家长的身段

一支斯莱特林的魔杖边比画边念咒语。一个中国小孩子走过来，看了一会儿说："叔叔，那就是一根木头做的，没有魔法的，这个世界是没有魔法的。"

我问他："你听谁说的？"

他说："我妈。"

我说："别的地方不好说，但是这里是有的。不信你看。"

然后我冲我儿子一挥手："Expelliarmus！"

我儿子想了一下，把手里的魔杖扔了出去。

那孩子愣了几秒钟，突然像破案一样说："他装的，我看出来了。"说完骄傲地转身走了，脸上表情之无趣，就像我周围的成年人一样。

其实游乐园里的真假，孩子未必不知道，或在几年后连他自己也不会信了，所以我也不能说父母们的科普是错的。然而如此不遗余力地把"无趣"灌输给孩子，把思维限定住，不论是真诚为孩子"解惑"，还是彰显自己卓越

的科学知识，都挺无聊的，而且怎么看都有点欺负小孩的意思。

换个身份，如果把成年人带到电影院里，把电影特效一撤，让他看一堆演员在绿布前群魔乱舞，估计也要跟你急的。

成年人尚且知道找点乐子，无趣的日子那么多，当家长的又何必太着急。

况且我发现，有些家长在孩子找乐子的时候偏要一本正经，而在真正需要科普的时候往往又闭上了嘴巴，比如性教育。

谨慎喝鸡汤，我来刮刮油

我们周围有很多家长对孩子有一种误解，认为幼稚是一种犯傻的表现，而长大了、懂事了则是值得肯定的。他们会根据这一见解，影响孩子的一些言行。我在这里必须说一句，成年人与儿童最大的区别恐怕只是经历和认知——我不得不说这一优势维持的时间恐怕随着社会发展会变得越来越短——而无关智商或者脑力。幼稚不是犯傻，而是一种思维方式。

也有一些家长的出发点是想讲科学，于是总是喜欢对一些"不科学"的事物一针见血，迅速打破这些"不科学"带来的快乐。但如果孩子需要科普，他会向家长直接表达出这个愿望，而如果没有主动问，家长大可不必如此着急，不要以为孩子真不知道原理，他们不提，只是不想提而已。有时候你所展现出的睿智，仅仅是让孩子觉得你无趣而已。

在我看来，亲子双方都认为对方是一个有趣的人，对于维护良好的亲子关系是很重要的。

解决亲子问题，先解决情绪问题

当家长是一种修炼，尤其是家里有一个上了学的孩子的家长，就更需要修炼。

这件事虽已基本达成共识，我也曾经在多篇文章里阐述过同样的想法，但我还是建议大家要一直记在心里，并不时提醒自己，否则随时可能走火入魔。既然是一种修炼，就注定不会那么愉悦，总要抱持一颗坚定的被炼之心，方能坚持下去——在我看来，这不容易。至于如何被炼，每个家长都有自己的苦楚。

是修炼，就难免受伤。自古江湖儿女在成为大侠的道路上鲜有一帆风顺者，大多受伤无数，甚至有几次险些丢了性命也很常见。

然而也正是那些伤痛，造就了大侠：张无忌浑身寒毒，杨过掉只胳膊，令狐冲一天到晚吐血基本就没消停过，狄云就更不忍卒聊了。

做家长也是，不是你选择了对的路——比如我一定要当一个好家长啊——就能够一马平川，走平地摔跟头的人多了。人类幼崽是一种很不可控的生物，任你自认逻辑清楚、心胸开阔、目光如炬，但仍架不住他们挖坑挖得勤。

行走江湖受伤之处无外乎几点：孩子欠、孩子轴、孩子拧、孩子笨、孩子不长记性、孩子不上进……随便拿出一件事都够十五对爹妈吐槽半个月。

伤痛在所难免，伤痛铸就辉煌，当家长不要怕受伤，怕吐血的家长不是好家长。受伤不要紧，关键要会疗伤。光受伤不会治，铁打的汉子也受不起；光吐血不补血，再肉的 T 也要耗光 HP。

疗伤固然重要，但要讲究方法，方法不对很要命，无异于吃错药——吃错药是什么后果，大家心里都有数。若是逆行，唯有令气血翻涌，伤势加重。

选择对的方法疗伤，善于疗伤，才能有一个好身体，以保证不忘初心、坚持前进——身体这种东西如果作为本钱，只适合做保本的理财，天堂那么大，你肯定不想提前去看看。

正确的疗伤秘籍格外重要，就我个人经历——我本人虽距大侠远矣，但胜在善于受伤——倒是可以说道说道。

自问自答心经

面对孩子挖坑，家长很容易在暴怒之下歇斯底里地喊出一些扯淡的话——尽管在感情上我表示理解，但我还是要用"扯淡"这个词来形容那些话，因为这些近乎天问，答与不答，皆是伤害，与导致发怒的事情本身早已脱离关系，除了让人多吐二两血，毫无作用。此时，需得用到自问自答心经，可有效压制气血，控制对话范围，防止拉清单式对话，做到就事论事。

自问自答，就是把你想喊出来的话，在脑子里站在对方的立场上简单干脆地回答一遍。比如："你是不是要气死我？"

张嘴喊出来之前，不妨自己回答一下，自己亲爸妈如此天问时，自己做何回答。倘若明知道不可能回答"是"也绝不可能"是"时，那真是问得多余。

诸如此类的还有如下的天问：

"我跟你说过多少遍了？"

"你到底要错多少回？"

这是不可能回答出来的。

"你到底有没有脑子？"

这属于很没脑子的提问。

"你怎么那么不上进呢？"

这是典型的不就事论事，只能导致矛盾升级。

"我不明白，这点事有什么不懂的？"

对啊，你又不是他，当然不明白。

这些话多说几次，孩子基本上就不会再听你说话了。

自古以来，好人坏于话密，坏人死于话多。

扪心自问神功

家长在震怒之下往往盯着一件小事纠结，忘了"不忘初心"的目标。此时，扪心自问神功可及时让头脑清醒，拨云见日，修炼完成后，往往在下黑手前耳边会凌空响起"你到底要闹哪样？"的画外音，帮你及时止损，拨乱反正。

你感觉被孩子伤害了，你认为他怎么那么不懂你那颗为他着想的心，心痛到无法呼吸，那么，伸出你的小手，按住左胸——最好是右手，这样比较像宣誓，问问自己：

你养育孩子是为了什么？

你希望他今后变成什么样的人？

你正在做的事情和正在说的话是否是客观正确的？

你以为的好是否是真的好？

你在做出判断时足够了解他吗？

你是否真的认为，他努力取悦你对他的成长更有帮助？

我相信大多数大侠还是有一定思想高度的，知道自己主要败于冲动——当然，能真心实意、坦坦荡荡地说出"养儿防老"的朋友们，你们可以把书合上了，这样的人，就不要控制你自己，多喷几两血吧。

朝花夕拾真经

你看到孩子坐在书桌前抓耳挠腮；你看到孩子磨磨蹭蹭两个小时；你看到孩子的作业写得七扭八歪；你看到孩子拿回家的卷子把头天晚上刚复习的题又重新错了一遍；你不让他干吗你转头他就伸手；看他吃个饭怎么就那么费劲……如果说刚才提的一些事情确实是我们跑偏了，那么这些事情当然是要好好引导孩子，但往往在屡次受阻后，爹妈格外受伤。

这时你需要修炼的是朝花夕拾真经。催动真气，带你的心灵回到三十年前，穿越回那个更加单纯的年代，没有手机，没有家长微信群。

倘若你还能记得那时的自己，那个不爱写作业、视吃饭为大敌、健忘、欠揍的孩子，那你大抵会让自己的脑袋迅速降温。幼崽就是幼崽啊，连虎狼都知道，何况人类乎？

去吧，去回忆回忆当年的诸般荣誉：打的人闯的祸，改的成绩涂的错，藏的卷子撕的书，谈的恋爱抽的烟。

谁还没点犯浑的时光呢？

当然，我相信有一大票亲爱的妈妈会说"我当年可没这么闹"。这样的妈妈们，我建议你们努力调动一下爸爸们的积极性，让他也朝花夕拾一把，并坦白从宽、据实交代，相信我，大概率不会让你们失望的。

我的意思是，如果不能坚持"让孩子成为孩子"的信念，那么不妨试试"让自己成为孩子"的朝花夕拾大法，有时颇有奇效。

反躬自省大法

一道简单的题说八遍；这些单词昨天刚背完今天跟没见过一样；你刚跟他说完的话，再问起来，一脸茫然；玩 iPad 一门儿灵，看会儿书要了他的命……于是我们仰天长啸："我造了什么孽，生了这么个孩子！"

这时候,反躬自省大法可以帮你及时回血,也可以避免出现前期闹妖、后期打脸的悲剧。

发火一时爽,往往忘了"以身作则"的美德。这个世界有一种东西叫科学,你们所认为的他们的"傻"与"糊涂",以及掰开揉碎八百遍也说不明白的状态,大半原因来自基因。承认这点有点难,成年人总有点要面子,而且孩子往往不会拿这一点来叫板,他不知道当年你一脑袋糨糊的糊涂样子——家里有嘴快的奶奶和姥姥除外——骂他傻就等于抽自己大嘴巴。

你觉得他脑子糊涂,那么请先正确评估自己的智商。

你恨他玩 iPad 不看书,你天天举着手机在那儿刷,又看过几本书?

你责怪他怎么肖邦的谱子弹得那么费劲,不如问问自己是不是只会吹口琴,还就会一首《苏珊娜》。

你觉得他跳舞不协调,看看自己是不是也动作稍微复杂点就顺拐——我反正是这样的。

你抱怨他怎么就那么不爱学习时,请你打开窗户,真心高喊一句"我爱上班,上班使我快乐"。如果喊不出来,发现自己只有在发工资的时候才快乐,那就消停一会儿。

总之,反躬自省大法的最核心目的是看明白自己。一盆冷水浇下来,自然就少了那些虚妄带来的困扰——孩子也是。

每当你要拿自己的孩子跟其他孩子比的时候,我希望你自己先去和别的家长比一比。

聊以慰藉宝典

你觉得孩子应该可以做到"举一反三",结果实操起来发现,孩子"举十反一";你精心计划了一次诗和远方的旅行,发现孩子就爱撒尿和泥。

你苦口婆心,你细致安排,你自认为几乎没有做错过什么事,但就是换不来一个你想看到的结果。你想不通,你亚健康了,血压憋高了。那么,试试聊以慰藉宝典吧。

要知道，你所面对的是世界上最难对付的人类幼崽，所有设计好的系统规则都可能随时崩溃。你所认为的"应该"与"不应该"都是基于你自己一个成年人的认知设定，而非他们的。对象不一样，标准就同不了，若是强行要求，就显得很虚伪和不靠谱。明白了这一点，一切就都能想开了。想开了，气就顺了，伤就好了。

尤其是妈妈们，从十月怀胎到孩子呱呱坠地，由于生理原因，生育之艰辛是爸爸们不可能感同身受的。所以妈妈们，你们更要用宝典安慰自己：吃了那么多苦，不是为了给自己添堵。

相濡以沫心法
以上疗伤的功夫，都是要求自我修炼的，但还有一种很见效的功法。

夫妻共同抚养孩子，对方因为什么受伤、受了什么伤你自然是最清楚不过的，夫妻间的相濡以沫心法，非常有助于冷静头脑、舒缓情绪，对身体的好处太大了。

"别气了，我小时候就这德行！"

"不嚷嚷，你再有道理，跟我一嚷嚷我也不爱听了。"

"你冷静会儿，我来辅导一下。"

"这有什么可着急的啊，早会一天晚会一天没那么重要。"

"身体最重要，气坏了难受的是自己。"

相濡以沫、相伴一生的人的相互安慰最是好用，夫妻互为左手和右手，相互扶持着，才能更坚强地走下去。

有一点要强调，两人修炼的相濡以沫心法固然是好，甚至能做到事半功倍，但一定要注意，有效是它，危险也是它，因为它有一些走火入魔的练法，比如：

"这孩子真是随了你了。"

2 沟通的代沟：
好的父母，敢于放下家长的身段

"我跟你说，我小时候真不这样！"

"你儿子你去管去。"

"孩子成这样都是你惯的！"

这就是明显练跑偏了，很危险地把左手拉右手的相濡以沫练成了左右互搏，练劈叉了，本来是双重防御搞成了双连杀，这不是开玩笑。

管不住嘴的，您就自个儿生闷气，别再给别人添堵了。

还有一件事得特意说一句：就算自己的知心爱人靠不住，两人练功这事也不能随意找搭档，一旦找过来也要加个防备。江湖复杂，人心险恶，你本想练玉女心经，人家跟你来一吸星大法，吸你个干干净净——还不如回家跟自己伴侣干架，起码属于人民内部矛盾。

比如我就曾经不小心着过道儿。

"你儿子几年级了？"

"二年级！"

"学习怎么样？"

"特不爱学习，天天想着玩，还不听话。"

"嘻，这么大的孩子都这样。贪玩，叛逆。"

"是吗？"

"这个年纪你就得让他痛痛快快地玩！"

"您这么说我就安心多了，您那个呢？"

"我家这个怪了，让玩都不玩，都不用督促，就爱学！"

呵呵，太社会了。

谨慎喝鸡汤，我来刮刮油

我个人在亲子相处中一直坚信一点：家长在亲子关系中的郁闷，至少有一半是来自自己。有时候解决问题的前提，是先解决自己的情绪。

这些"招数"听起来玄幻，但实际上是非常现实有效的，总结一句就是：当家长，得有学问，不能只闹情绪，得过过脑子。

没必要说、不能就事论事的话就不说；尽量延缓宣泄情绪的时间；能冷静思考的就停下来冷静思考；可以自我疏导的就别冲别人撒气；可以用成年人之间解决问题的方式就用成年人的解决方式。

实在忍不住冲动，也不要过度自责，但不要把冲动当成普遍方式。冲动一下，伤了孩子也伤了自己，更何况还打了自己的脸。你得相信科学，你嫌弃孩子的那些"毛病"，基因来源在哪里，咱应该比谁都清楚。

合理纠错：在理解孩子的基础上进行

有一天，我下班回家，刚进门就听见我儿子在里屋跟他妈妈耍光棍。

我媳妇："你现在不写作业什么时候写呢？"

我儿子："晚上，晚上写！"

我媳妇："现在写完了多好，晚上可以休息，看会儿自己想看的书！"

我儿子："我没什么想看的书，而且我想现在休息。"

我媳妇："留着作业不完成，心里多不踏实！"

我儿子："现在写作业我心里才不踏实！"

至此，儿子明显已经成功占了对话的上风，我媳妇马上就要败下阵来。

作为一家之辅的父亲，考验我的时候到了，我必须在这样的时刻体现出自己的价值，帮我媳妇扳回一局。

于是在脱鞋、放包、挂衣服的几分钟内，我聪颖而敏捷的头脑迅速运转思考，在脚蹬进拖鞋的那一刻，一套集威严、规劝、威逼、利诱的一系列方案已经在我脑子里形成。

在方案里，我将严肃地完成"给他讲讲作业尽早完成的必要；做事情不能拖的道理；爸爸小时候回家就写作业的事例；现在写作业晚上多讲俩故事的利诱"。真是一套严谨、完整的教育流程。我内心不禁为自己当爹的专业表现感到得意。

我满脸严肃，提着一口真气，并让这真气在体内循环，威严地走向我儿子的书桌，气场强大。

我儿子看到我过来有一点儿慌张，似乎知道了我刚才在外屋听到了他耍赖的言语，手开始搓起衣角。

正当我进到他屋里马上要开口实施计划的一瞬间，在阳台上拾掇衣服的我妈突然来了一句：

"跟你爸小时候一个德行！"

我噗的一口，真气消散无余。

看到这个熟悉的拆台场景，我不禁思绪万千，心情久久不能平静。

我儿子不到三岁的时候，我决定让他自己吃饭。

在此之前他一直是靠别人喂，我想这样下去不行，吃饭是一个人最基本的能力，这些事情要尽早学会，去了幼儿园才踏实。于是我开始让他自己用勺子吃饭。

学的过程倒还顺利，没几天就有模有样，但是当他基本学会了之后，就不再好好吃饭了，开始玩勺子。

玩玩倒也无妨，只是过于影响吃饭，而且浪费了不少粮食。

有一次，我又看见他在用勺子舀粥，然后均匀地洒在餐桌上，再用勺子拍，粥汤四溅。

我板起脸跟他说："儿子，不能玩勺子，勺子是用来吃饭的，要用它好好吃饭。"

我儿子瞅了我一眼，继续玩。

我说："儿子，玩勺子不好。"

我儿子瞅了我一眼，犹豫了一下，继续玩。

我说："儿子，咱们可不能浪费粮食，'谁知盘中餐，粒粒皆辛苦'啊！"

2 沟通的代沟：
好的父母，敢于放下家长的身段

许是平时给他说过这句诗的意思，他终于停下来，若有所思。

我内心十分欣慰。平时的点滴教育在关键时刻真的不能说没用啊。

我太科学了。

然后我妈过来给他擦弄脏的桌子。

"就你爸，小时候玩勺子更绝，勺子咬进门牙缝儿里拔不出来了，张嘴塞着勺子坐在院子中间哭。"

我儿子抬头认真地倾听起来。

"就你爸，大鼻涕都流嘴里了，想闭嘴也合不上，为什么啊？勺子在那儿卡着呢！勺子拔出来之后门牙撑开那大缝儿太宽了，就你爸这勺子玩的那水平，哈哈哈哈……"

"妈……"我幽怨地看着我妈。

我妈赶紧转身，快步走进厨房。

我儿子愉快地继续玩起勺子。

我儿子四岁左右，在外面疯。

他疯"嗨"了不看路，闷头冲，跟另外一个孩子碰到一起，撞翻在地，仰面朝天，双手捂头，哭得惊天动地。

我走过去赶紧趁机教育："儿子，看见没，不管是走路还是跑步，都要看人看路，低头跑多危险，撞到了吧！"

我儿子坐起来，抽泣着听着。他向我伸出双手，想让我扶他起来。

我要体现一个父亲的价值，每一次磕碰都是孩子成长的机会。

我摇头："你得自己站起来。"

他很失望，收回手，仍旧坐在地上。

作为父亲，我深深知道，孩子如果坐在地上，那么作为爸爸一定要蹲下来说话表示平等，这样才不会让孩子有强制的压迫感和不对等感。

我太科学了。

于是我蹲下来跟他平视:"你听我说儿子,我以前跟你说过,为了安全,跑步要看前面,但你没记住撞人了,所以你要自己站起来,而且你要跟那位小朋友道个歉。"

他坐在地上低头思考起来。

我向被撞孩子的妈妈做了个抱歉的手势,意思是再给他一些时间,他会想通的。

那位妈妈心领神会,微笑着点了点头。

我们俩太科学了。

"我知道你是个懂道理的孩子,也知道你现在脑袋疼,但你还是要自己站起来,然后去道歉,好吗?"

我妈这时慈祥地走过来。

"听你爸爸的,他说的是对的,你要自己站起来过去道歉……"我妈声音洪亮、一身正气,自带样板戏光环。

我感动极了,多好的妈妈,把我拉扯大,还配合我教育我儿子。

"然后我就给你讲一个你爸像你这么大时走路撞电线杆子的事,就你爸,就那大包撞的,半拉脑门儿那么大,哈哈哈哈……"她双手比了个夸张的大小,足有烧饼那么大。妈,那不是包,那是瘤子。

我儿子瞬间从坐姿原地蹦成站姿,朝被撞的孩子冲过去。

"妈……"我幽怨地看着我妈。

我妈赶紧转身快步追我儿子去了。

我此时还蹲在地上。

被撞的孩子的妈妈站在那里像触电一样抖啊抖起来。

我儿子五岁的时候发烧咳嗽,我和我妈带他去医院。

诊断一番后大夫说有炎症,为了防止炎症加重,建议打点滴。

这是他第一次打点滴。

2 沟通的代沟：
好的父母，敢于放下家长的身段

当他看见戴着口罩举着大针头的护士时，眼神里流露出了极度的恐惧，再加上邻桌的孩子撕心裂肺浑身是戏的渲染，他终于"嗷"的一声哭了出来。

"家长帮一下，按住他的手。"护士语速很快，后面还有好几个孩子在排队，她眼神中透出一股子利落劲，在孩子看来，那是一股寒光，这让他更害怕。

我伸手抓住了他的手，而他开始激烈地反抗。

我拿捏着自己的力道，既要控制住，不让他甩开手，又不能使太大劲，让他更恐惧。

"儿子，打点滴是必须做的，不然你的病可能会更厉害。"

"疼，疼，我不想打，太疼了！"

我耐心地安慰他，一个孩子看见那么大的针头，一定要安抚好。

"儿子，你听我说，这个确实会有一点儿疼，但是没有你想象的那么疼，跟验血的时候差不多，而且只一下就好了。"

我儿子反抗的动作小了很多。

比起旁边那位只会责怪孩子的父亲，我太科学了。

"儿子，你看这个护士姐姐，她多有经验，她不会扎疼你的。"

护士眼中的寒光也似乎增添了一抹温柔。

"对啊，小朋友，爸爸说得没错，姐姐特别会扎，不会很疼的。"护士很配合地说。

我儿子停止了反抗。

我们俩太科学了。

我妈拿着化验单匆匆赶来时，我正跟儿子说我小时候勇敢打针坚决不哭的故事。

我妈接话说："就你爸，我带他打针，脱了裤子趴在床上嚎的哟。我眼见着护士擦碘酒，棉签刚一碰你爸那屁股，就他那屁股蛋子咔哧一下就缩小到原来的一半儿，硬得跟石头似的，哈哈哈哈……"

"妈……"我幽怨地看着我妈。

我妈赶紧转身快步出去了："我先取药去。"

好在我儿子已经破涕为笑，把手向护士伸了过去，我轻舒了口气。

然后我发现那位护士像触电一样抖啊抖起来，我的心又提了起来。

回过神来时，我已经下定决心，要借这次机会跟我妈好好谈一谈，坚决杜绝这位英雄母亲习惯性拆台的行为。

"妈，您过来一下。"

我妈看了我一眼，走过来。

"挣稿费了？多少钱？"

"就几百……不对，妈，我不是要说这事儿。"

"今儿这晚饭也不素啊。"

"跟晚饭也没关系，别打岔，妈，你这老拆台可不是事啊。"

"我哪儿拆台了？"

"就刚才。我这刚要说我小时候回家就写作业，你说你来这么一句，我没法继续说了啊。"

"你不是骗孩子吗？你哪天回来不是先玩啊。"

"……行，不说这个，你跟他说我勺子卡门牙的事，现在我闺女也知道了，我这形象教育孩子的效果事倍功半了啊！"

"本来就是啊，还吃一嘴大鼻涕！"

"妈，咱不说鼻涕行吗？"

"我不就随口一说吗？"我妈低头。

"妈，我记得你告诉过我，当时可是你喂我饭呢，我也想知道我为什么会竖着咬勺子并且卡在门牙上。还有，你跟他说我走路撞电线杆子，都说好几次了。有必要老说吗？"

"本来就是，电线杆子那都死的，不会动弹的，你说你怎么撞上的？就那大包……"我妈又要比画烧饼。

"妈,咱不说大包了行吗?"

我妈闭上了嘴。

妈你怎么不告诉我儿子当时是你领着我走呢?你领着我走我撞了电线杆子,这事赖我吗?

"妈,你还跟他说我打针时屁股硬得跟石头似的,我儿子那天想吃核桃,我说家里没锤子,他说,爸你坐一下就碎了,还说跟石头砸是一个效果。"

"哈哈哈哈,这孩子,真幽默。"

"妈,咱不说幽默好吗?我没面子啊。"

"你一当爹的跟自己儿子要什么面子啊!再说了,屁股坐核桃,我认为还真不是所有的爸爸都能干的事!"

"妈,这事我也干不了,咱能别说得跟真的似的吗?"

这回换我沉默。

"妈,在这一点上,你得跟我爸学学。"我趁热打铁,"我们都是男人,我爸就比较了解作为父亲有的场合需要威严,你看我爸从来不当着我的面跟我儿子说我那些糗事,他知道当爸爸得树立形象。妈,真的,在这一点上,你回家得跟我爸取取经去。"我诚恳地说。

"行行行,知道了。"我妈挥了挥手。

该说的都说了,我如释重负。

周末我们一家四口回我爸妈那儿吃饭,我抽空把我留在我爸妈那儿的垃圾清理清理,腾腾地方。

忙活了一上午,我儿子竟然没闹妖,跟他爷爷在阳台上玩得可带劲了。

我准备中午跟我爸喝一盅儿,在推杯换盏间让他好好带带我妈,教教她别老拆我台,我建立起点儿当爹的威严不容易。

我脑补着酒桌上成熟男人之间惺惺相惜,父子之间互相理解、热烈而友好的气氛，感叹有些事还得说男人懂得男人。

我带着幸福的微笑走向阳台，打算叫他俩吃饭。

"就你爸，结结实实踩一脚狗屎，我这刚擦的地，他进门就啪嚓，那一屋子味儿，给我气的，照准他屁股就是一脚！"我爸正说得带劲，连说带比画，做了个踹的动作，那动作绝不是踹孩子，而是标准轰野狗的姿势。

"哇，爷爷你脚没事吧？就我爸，他那屁股不是跟石头似的吗？"我儿子关切地问，带着浓浓的奶奶味。

"敢情，就你爸，他那屁股也就打针的时候硬，那是吓的，哈哈哈哈……"

我爸讲得眉飞色舞，我儿子听得津津有味，我心中翻涌起无穷巨浪，如胸口碎大石，屁股碎核桃。

三观崩塌、欲哭无泪的我实在听不下去了，一转身正看见我妈捂着嘴像触电一样以极高的频率抖着肩膀快步走向厨房。

当爹实不易，拆台需谨慎。

谨慎喝鸡汤，我来刮刮油

我虽吐槽父母的拆台，但心里却不因此生气。这些事会提醒我，我自己还是个孩子的时候，我现在认知体系中的"错误"也不少犯。

当然，我并不是说当年犯过错，现在就没有立场再去管孩子。如果真是错误，就有必要纠正，这是家长的责任。不过在教育孩子时，想到自己过往那些年的"旧账"，明白孩子是一定会犯错的，如果能多一分代入，对孩子的错误和犯错就能多一点儿理解。就是多的这么一点儿理解，足以让你以更适合的形式和更充分的耐心来开展你的纠错行动。

在理解的基础上进行的家庭教育，才是正确的打开方式。

身为家长，最高的智慧是放下虚妄的身份

暑假的时候，我带孩子逛展，藏品多而精，一天下来十分尽兴，大家都看得很畅爽。但时间紧任务重，看展时也无暇交流，待到吃晚饭的时候，我问他今天是看见蒙娜丽莎激动还是看见凡·高自画像激动。孩子说，今天看到了保罗·西涅克的点彩更高兴。

不聊了，聊不过。

我说这个的目的是用来说明当今社会与儿童交流之凶险。

暑假早些时候的一天，我儿子走过来认真地问我："爸爸，你喜欢鸟吗？"

我说："很喜欢啊！爸爸小时候正经看过一些鸟类的书！"

他："那你知道很多鸟吧？"

我："嗯，还可以。"

我没有说瞎话，我小时候读过几本少儿动物科普书，而且我爷爷曾经还养了只鹩哥，我很喜欢它。我老丈人也是养红子的好手，爱女及鸟，谈恋爱时我还假模假式地学习了养红子的经验。所以无论理论还是实际，我都可以算是一个鸟类爱好者。

他突然很浮夸地问我："哇！真的吗？那你喜欢傻 bī 吗？"

我不知道自己身上哪一点独特的气质让他对我产生了这样的错觉，只好怀疑自己听错了："你说我喜欢什么玩意儿？"

"傻 bī，"他说得贼脆生，眼里带着一丝光辉，"还有'屎 bī'和'衰 bī。'"一句更比一句脆。

这下我确定我听到了脏字儿，内心怒火汹涌澎湃。

我心说你在外面学脏话我就不逮你了，毕竟大家都经历过少年儿童时期，在说脏话上我还算有点儿共情能力。我假装不知道也就罢了，你现在拿到台面上公开跟我滋事挑衅，我再开明也不能再放任了。

于是我怒吼道："你小小年纪说话怎么那么脏呢？我为什么要喜欢这些呢？"

我伸手过去薅他，打算给他一些教训。

他往后一跳，毫不慌张，一点儿也不像要挨抽的样子，从身后拿出一本巨厚的动物百科，他打开用手指隔开的一页，说："爸爸，鹀鸟你不知道吗？这是一种雀鸟，有沙鹀、石鹀和穗鹀。"

我信了你的鬼，抢过书再抽你也不迟，但等我抢过书一看，发现书上的那个"鹀"字有个注音，它真的念 bī。

我儿子笑眯眯地说："你看，是不是？"说完转身跑了。

我回想起他犯欠的样子，隐约感觉这是一个精心设计的局。

当然这件事后来有了让人欣慰的结局，因为我查到"鹀"这个字其实是"鹡"(jī)这个字的通假，虽然两者在科学类图书上都很常见，但用于鸟类时它理应读 jī 的音。

我给他看了依据，很严肃地在学术层面上纠正了我儿子的读音："记住！是 jī 不是 bī！"

这次他认同地点了头。不夸张地说，我那时真的长吁了一口气，像完成了一项任务一样离开。转过身，看到我女儿站在我俩身后，她的眼睛闪着复读机般的光芒，并跃跃欲试。在那一刻，我似乎听到了后面几天我家里此起彼伏响起的清脆的口头禅……

2 沟通的代沟：
好的父母，敢于放下家长的身段

十一我带孩子去绍兴玩。

绍兴这地方人杰地灵，出了不少名人，所以这里的名人故居也多得很。凡是这种地方，都是家长最爱带孩子来的，因为家长会觉得这种地方能连玩带学特别好，可以满足家长对旅游景点的寓教于乐的心理需求。

但作为过来人，我必须说，越是这样有文化的地方就越容易翻车，尤其切忌张嘴就来，绝不能停留在"带孩子来学习"的程度，而要时刻有"跟孩子一起学习"的意识，怀着"认真参观，共同进步"的思想，才能管住自己的嘴。

我在兰亭游玩的时候，在王右军祠门口看见一个孩子指着王右军祠的名牌问他爸："爸爸，王右军是谁？"

他爸爸看了看旁边王右军祠简介说："你看那不是写着呢吗？王右军祠，始建于康熙年间。这应该是清朝的一个文人。"

他儿子也看了看介绍："那怎么里面陈列的是王羲之像？"

他爸爸说："王右军，王羲之，都姓王，估计是王羲之的后人。你想想，老祖宗因为兰亭那么出名，在兰亭这地方建的房子，当然得供奉他老祖宗了。走，来都来了，咱们进去看看去！"

父亲意气风发地拉着儿子走了进去，但我很为他俩进去后父亲如何向孩子解释王右军到底是谁而担心。

而后不久，我又在王羲之纪念馆的王家家谱前听到一位家长指着女中笔仙王夫人郗璿向自己的孩子介绍道："这是王羲之的老婆，希睿。"

王羲之果然厉害，写出了"天下第一行书"，不但自己成了书圣，还娶了一位非凡的公主——当然还有一位很牛的大舅哥。

孩子举着手机说："爸爸，这俩字念 chī xuán。"

爸爸的身影在灯光的照射下，无比高大，就是有点颤抖。

互联网时代，翻车不等待。

在王阳明墓参观的时候，我目睹了一个孩子给自己妈妈挖坑。

妈妈嫌台阶高，坐在下面玩手机。孩子跑回来说："妈，你觉得王云怎么样？"

妈妈抬起头："没事怎么想起问王云来了？"

孩子："妈你把手机给我，我看看王云。"

妈妈白了一眼孩子："大老远带你来玩，你不好好参观，看什么电视剧！在家要看，跑这儿也要看，看王云？我还给你看谢大脚呢我！"说完亮出鞋底子做蹬踹状。

孩子听后大笑："你也就知道《乡村爱情》，王阳明小时候就叫王云好吗？"

妈妈的脚停在空中，脸色五彩斑斓。

在沈园一角，刻着唐婉的绝唱《钗头凤》。

一对父子走过来观看，孩子像五六年级的样子。许是环境太妙，许是气氛到了，这位爸爸突然跟他儿子说："诗要吟出来才有感觉，你念出来，我给你拍个视频，给你奶奶发过去。"

他儿子说："我不念，丢人。"小小年纪一副钢铁直男不解风情的样子。

他爸爸嘬了下牙花子："一点儿正经的都没有。你不念我念！你给我拍！"他把手机塞给儿子，开始酝酿起感情。

我虽隐约觉得此事不妥，但我一直对感性之人心存好感，于是做侧耳倾听状。

他是这么念的：

"世情薄人情，恶雨送黄昏，花易落晓风，干泪痕残欲，笺心事独语，斜阑难难难……欸，这不对吧？"

许是念到最后感觉既无音韵，意思也不是很通顺，他自己也犹豫起来，转过头来问他儿子："是不是这么断的啊？"

看他儿子举着手机身体震颤之程度，这段录像视频部分指定是废了，但

2 沟通的代沟：
好的父母，敢于放下家长的身段

音频部分足以把他钉在耻辱柱上。

我建议今后不管在哪儿刻什么，都要加上标点。

我说出这些事情绝无耻笑之意，而是出于一番拳拳之心。

术业有专攻，再牛的人也有不了解的东西，这很正常。在成年人之间，大多数人能保持一份收敛的自觉，但面对儿童时就不免忘乎所以、张嘴胡来。殊不知，当代儿童的知识体系，远非中年家长所及。

我很早就有"我是个傻子"这种觉悟，所以我对跟孩子的一切交流都心存敬畏——敬不敬不重要，主要是畏——且勇于认怂。我深知当代儿童对知识涉猎之广、研究之深，远超成年人想象。在他们面前，成年人那些虚妄的自信，不值一提。

我上学时很晚才接触到英语这门课程，初中才开始学ABC，非常不开窍，不论是单词还是语法都搞不明白，导致整个人在英语课上很沮丧，也很害怕上英语课。

直到我找到了学习英语的窍门。

掌握了这个窍门后，我整个人都找回了信心，再也不怕上英语课了。老师一喊我回答问题，不论是单词还是语法，甚至更为复杂的英语对话，我都能站起来昂首挺胸，直视老师的眼睛脱口回答："骚瑞，矮冬no！"自信，豁达，坦率，真诚，一副"妈妈再也不用担心我的英语"的样子，被时任班主任的英语老师认为是"不要脸"的典范。

自从我儿子上了小学，我就重新拾起了这个技能，并且用得贼溜。熟练掌握"骚瑞，矮冬no！"是家长们的必备技能。

自信，豁达，坦率，真诚。

老司机不翻车是因为他们从不在路上跟别人置气。

我一直劝导身边的家长朋友们，不要以为自己是成年人就懂得多，在当代儿童面前，成年人那点过时的知识都是毛毛雨，毕竟是一帮在当代知识体系下连拼音、写字、读音都不太会的人，就仅限于与同龄人交流好了——况且当代儿童给爹妈挖坑还很有一套呢。

不要过于在乎所谓"家长的面子"，更不要在毫无必要的情况下主动展示才华、树立形象，树不好还不如不树，在很多时候，勇于说出"骚瑞，矮冬no！"才可以把损害降到最低。

但我不得不承认，我虽然说得头头是道，一副很有经验的样子，自己也还是经常因大意而难逃一辱。

在绍兴穿街走巷的时候，我儿子突然指着一户住家门上贴的字问我爱人："妈，这字念什么来的？"

我因翻车次数太多战斗经验丰富，已意识到不妙，刚想阻拦，只晚了一秒，我爱人便瞥了一眼，轻蔑地说："嘿嘿，就你还想考我？这字念 báng。báng báng 面！谁没吃过似的！"

我儿子的狂笑声响彻弄堂。

世界上最远的路，是孩子们的套路。家长的修行，任重道远。

当然，我们家长也不是没有扳回一局的机会。在假期结束回程的路上，我看到各位父母无比默契地在列车开始行驶十分钟内纷纷掏出作业，语、数、英一个都不能少，作文更是绝杀大招。而曾经趾高气扬的孩子们都在膑眉耷眼、苦大仇深、呼天抢地后开始伏案狂书。

各位家长相视一笑,一切尽在不言中。此时,是欢欣鼓舞的,是难忘今宵的,玩会儿手机,吃点儿零食,不时吼上一句:"你这题算得对吗?!擦了重写!"

车厢里,一片胜利的气息。

谨慎喝鸡汤,我来刮刮油

虽然我经常拿家长开玩笑,但从立场上,我认为家长需要在孩子心里有一定的"地位"。然而此"地位"并不是高高在上、一言九鼎的身份,而是在孩子心里你是重要的,可以得到他认同的一种状态。

这一"地位"的获得并不太容易。如果把孩子比作一棵树,那么单纯对他进行栽培是不够的。很多家长把所有精力都放在栽培上,结果却不尽如人意。原因就是过于专注对孩子的培养,难免造成割离。

一个健康的亲子关系更像是一个生态系统,家长不应该仅仅作为园丁一般存在,应该是与那棵小树木共生共长的、共同建立更适合双方生存的生态系统。他是树,那么你也应该是树。十年的小树和三十年的大树,都需要继续吸收营养和成长。这样你才可以告诉他一棵树是如何成长的,一直到成材后仍要保持活力,不会自以为是地砍掉你认为不适合他的枝叶。

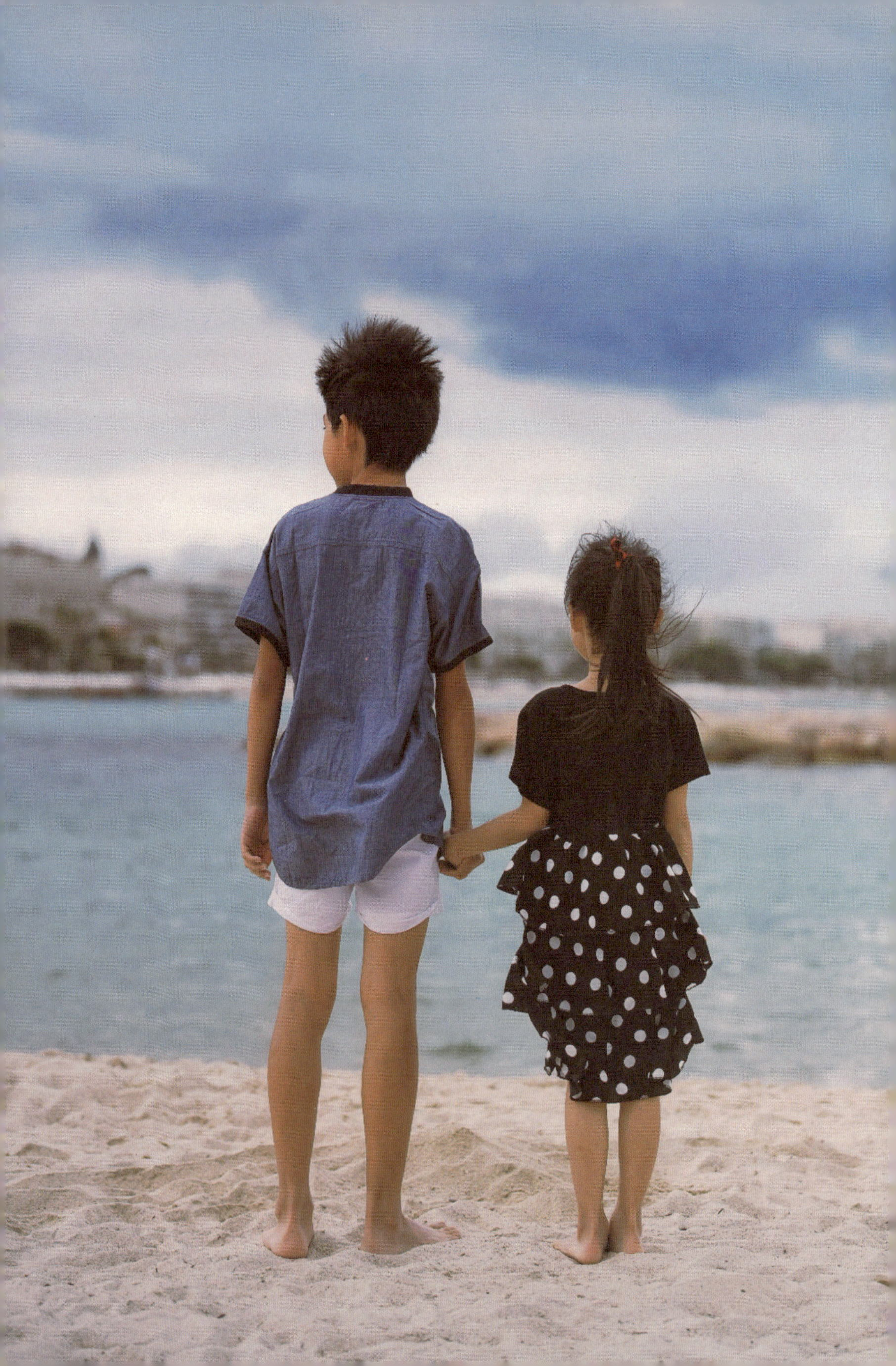

3

我爱你，没条件：
给孩子高质量的爱与陪伴

我爱你，没条件

跟朋友一家聚餐，他家有一个十岁的少年，在我看来是很优秀的孩子。他在学校是大队委，四年级第一次考 PET 时以很高的等级通过，现在正在准备 FCE 的考试，听我朋友形容，以他现在的水平很可能在 B 级以上通过……诸如此类的事情不少。

我有必要说明一下，我认为只要不是优秀标准唯一论，可以接受优秀的多样性，就不算狭隘。所以达成这种标准的孩子，无疑是优秀的。

我跟他闲聊起来。比起成年人，我更喜欢跟孩子聊天，尤其是这么大的孩子，已经可以聊得很通透，并且是足够真实的通透，这在很多成年人之间已经不太可能。

我问他下一步有什么目标。我认为一个优秀孩子的目标是值得被倾听和鼓励的，所以我在他回答之前就已经决定，不论他说出什么目标，即便这种目标完全不符合他"优秀"的人设，无论多么幼稚和简单，我都要以我最大的能力鼓励他，并尽可能在我认知的范围内给出合理建议。

那孩子听到这个问题，顿了顿，没有回答。

我说："你如果不想说也没问题，这是你的隐私，那咱们聊点别的。"

他又停了一下，像下了决心一样说："叔叔，我的目标是 FCE 别过。"

3 我爱你，没条件：
给孩子高质量的爱与陪伴

在我脑中准备的所有台词里，没有可以应付这种目标的回答，我所能回复的范畴，仅限于"希望达到"，但"希望不达到"的目标，则完全不在我的设计里。

我问："那你方便告诉我为什么吗？"

他倒是很淡定："我就是觉得，我过了 FCE，短期内就没有什么值得让我爸我妈高兴的事了。我也不知道之后再干点什么。"

我说："我觉得你爸你妈不至于，他们不会是只因为这些事才会替你高兴的人吧。"

这倒不是成年人之间虚伪的维护，以我对他父母的了解，他们不是喜欢提"别人家孩子"瞎比较的家长，起码我的朋友圈里，我不会主动结交那样的人。

但那孩子说："唉，也不是他们的问题。我觉得他们应该也会因为别的事高兴吧，就是我看不出来，我觉得还是学习这些事让他们最高兴。学习好，他们就高兴。"

他停了一下，继续说："但是吧，你进步越大，你的进步就必须越来越大。"

这是一个充满哲理且足以让我脸红心跳的回答。这个回答，来自一个十岁的孩子。他可以表述得如此清晰，并大度地认为这"不是他们的问题"，让人心疼。事实上，这恐怕就是"他们的问题"和"我们的问题"。

我想起前几天我儿子因为想玩而赌气不学习，我当时也动了气，就学习和快乐的关系发表了一些言论。其主要内容是，我和他都应当去做好自己的分内事，大家才能都开心，我既然是个可以天天花心思让他高兴的爸爸，那么他也自然要好好学习让我省心才对，否则我又哪有动力去让他开心。我那时把话说得心安理得，丝毫不觉得有什么问题。

而在这一刻，我突然想起自己的嘴脸，产生了深深的自我怀疑：我走着走着，是不是又要走回老路上了？

我小时候几乎很难感受到我父母因为我"高兴"。

我并不是一个对人要求极高或者自尊心极强的人，在我看来，一个人闯了祸是应该被收拾的，我自认是个善于闯祸、敢于闯祸的人，这些觉悟我是有的。所以，在挨收拾时虽不后悔，但也绝不委屈。

尽管有这样的觉悟，我也总抱持着一个想法：一个"坏"孩子取得的成绩，也不应该被忽视。只可惜在我的记忆里——我是一个可以记起一些小事里清晰细节的人——即便是我不打算做坏孩子，但我在努力成为一个普遍被社会认同的好人后，我搜肠刮肚，也很难找到我父母因为我的一些切实的优点和成绩而表现出明显高兴和肯定的回忆。

让父母骄傲这件事，几乎不在我任何阶段的回忆里占有丝毫位置，直到现在。

我父母都是知青，我曾多次以轻松愉快的语气描述他们的这段经历。我父亲受那段时期的影响更甚，他在那种环境下的诸多经历让他成为一个强势的人，敢于承担任何责任，不管有什么难度先干了再说，这在我当下的职场里已经很少见。

但我不是他那样的人，所以很多他所能做的大事情，我都做不了。一个人没有办法逾越自己的性格去做事，就算硬着头皮也做不下去，事实上我之后的很多经历印证了这一点。

这并不是问题的关键，关键是我能清楚地感受到，他也知道我在他的标准体系内是不行的，他也知道我永远也做不了他做的事。但他并不认为我的这种"做不了"可能是我人生的另外一种选择或者机会，并以此为基础做出一些其他的成就——我的"做不了"，就是能力不足。他没有逼迫我，他认了。

事实上，因为我几乎没有被他们坚定地肯定过，且随着我的成长，这种不被肯定在我人生中的地位越来越高。所以尽管他们为我做了很多事，我也无法在日常生活里找到"我可以有能力过另外一种人生"的信心，而随着这种不被肯定产生的，是一种刻在骨子里的不自信和随时自我否定的习惯。

我在做一些大选择时，会反复纠结，总认为自己的能力和脑子里形成的价值体系是不相符的。所以，我在遇到所有人生的重大选择时，从未遵从过自己"不切实际"的幻想。

这么说会很有一种给自己开脱的感觉，我常常对自己的人生反思，每当触碰到上述那些念头时，我都会感到愧疚：你不但没本事，还要赖爹妈，你的人生被绑了手脚吗？

"其实还是因为我太差劲了。"我会经常以这种想法在深夜结束自我苛责，自己对自己负责，会令我舒服一些。

我在相当长的一段时间里都认为我和我的父母在亲子关系上都很有压力，而我是造成这种压力的罪魁祸首。

在我心里，他们作为我的家长挺倒霉的，因为他们想要因为我开心是很难的事情，我确实不够优秀，无法满足他们的标准，遑论令他们自豪。

而在这种想法的支配下，我过得也小心翼翼，这并不是说我天天提心吊胆，那样说太不公平。他们做得够多，对我也不算不宽容，家庭氛围也挺好，但我依然很难提起胆量去尝试选择自己要做的事，因为我认为自己没有足够的筹码谈条件，唯恐失败之后让大家更难彼此面对。大事做不了，难道还要给人添堵吗？

人最可怕的就是连自己都认为"我的人生只有这条路是最正确的，而我自己没本事走下去"。

其实我并不贪图父母夸赞，毕竟我越大就越明白来自家长的夸赞做不得数，更加严苛的标准来自社会的肯定。我只是有时会悲伤地想，我没有成为一个可以让他们足够骄傲的孩子，哪怕护犊子式的自娱自乐的自豪感似乎也基本没见过。这种沮丧感在我人生不同阶段的上坡路上都如影随形，在低谷时更甚。

我会时刻警告自己，就算正走在上坡路上也不要美滋滋。因为我走上这条路只是侥幸而已，所以我一定要让自己走得更谨慎，一定不要掉以轻心，一定不能放松警惕，一定不要沾沾自喜，否则随时会转向。我能力不足，只好靠运气。

时间久了，我就形成了一种奇怪的心理状态：如果遇到了好事，我会想自己配不配得上这种快乐。

如果恰巧我在这件事之前的一段日子过得足够苦闷，那我就可以比较坦然地接受这种快乐，因为否极泰来。没有否则不会有泰，我认为这才是我这样的人配有的正常运气。

而一旦我人生中的某天突然毫无征兆地出现了顺风顺水的好事，我不会觉得那是我积累和付出的结果。我在短暂的开心后，便要赶紧提醒自己镇定下来，告诉自己这不太正常，我得去寻找这开心的"代价"，并相信在这好事之后一定有什么事情要替这些莫名其妙的开心付出代价，仿佛这个世界有一双无形的眼睛，看到我不知深浅地高兴了，便会一拳砸到我的头上给我上一课。

鉴于这种心理，我这个人从不报喜，我认为报了喜，好事就会坏掉，即使不坏也会有其他事情来交换。做事一定要低调，做人一定要谦虚，谦虚过了头也比冒了头强。我不希望别人对我有什么期待，比起错过它，让人失望更令我不能接受。

这种近乎迷信的不安感直到现在都伴随着我，我很少有踏踏实实放开胸怀开心的时候，总是认为所有的快乐和成绩都是交换而来的。即便是现在我写的文章有上亿的点击量，可以让几十万人产生共鸣，我也仍旧觉得，那都是运气，越好的运气就越让我不安。

在若干年后，我陆续从别人那里听到一些我父母对我的评价，虽然也不见得有什么自豪感，但也绝不是我自认为的全盘否定。但很可惜，他们会在

3　我爱你，没条件：
　　给孩子高质量的爱与陪伴

其他跟我人生毫无关系的人面前肯定我的一些成绩和能力，却不会让我知道。我从小到大都是。我并不认为当年的父母们在造成孩子某种性格时有什么主观意愿，没有谁会希望孩子不快乐，但他们也确实很少去思考如何理解孩子，并学会表达爱意，学会表达肯定。

很多家长在面对孩子的优点时会最大限度贯彻谦虚的原则一带而过，尽量让这种骄傲变得平淡和不易察觉，谨防孩子骄傲自满情绪的产生，仿佛被孩子看出爱和骄傲是犯了一个低级而夸张的错误——但他们在指出孩子的问题时，则不惮用最大的帽子扣下去，毫不留情。

我认识的很多人都有这样的困扰，父母极少表达出对自己的认可。在夸奖这件事上含蓄得过了头，但在他们犯错时却以最凶狠，甚至凶过当事人的态度毫不留情地批判，以至于他们遇到事情绝不会选择与自己的父母进行交流，因为那样非但不能获得支持，反倒会令事情变得更麻烦。

在这种相处方式下，很多孩子都会认为，家里的快乐甚至父母的爱，都是有条件的，而获得这种爱和快乐的条件，是沿着父母定下的标准一路进步。倘若像我一样无法在这个标准中生存，便会不断自我否定。

过去我的父母是这样，而我对我儿子说的那些话，我诚然没有这种意思，但仔细想想，我也是在谈条件。

很多人在回忆起自己的青少年时光时，发现快乐的记忆可以常见于很多场景，但来自家庭成员的给予却不能算多，反而会带来挫败感。并且随着自己年龄的增大，这种情绪变得越发沉重而压抑，有一些人在刚刚成年便坚决与家庭割裂，鲜有人可以把自己那段时期的记忆用愉快和轻松概括。家长展现出的是"你要成为一个成功的人"，而不是"不论你是谁，我都爱你"。

我很羡慕可以在家庭里甚至亲子关系中找到大量快乐和肯定的人，我遇到过这样的人，我在与他们聊天时，可以感受到那种无法形容但又如此明显的不同。

我父母有时也会读我写的关于亲子关系的文章，我妈有一次在吃完晚饭已经穿上大衣准备离开时，故作轻松地说了一句："我们那时候的父母，都那样。"说完便匆匆离去。

他们老了，我也老了，我们都不能接受去触碰这种尴尬的话题，但无论如何，这也算是一种和解吧。

每次我写到这些作为父母的反思时，后台总会有几个人说一些诸如"父母也是第一次做父母，不能要求父母成为超人"的话进行辩护。

我并不认为这话有什么问题，作为一个深知活成一个平凡人都需要很努力的中年人来说，我甚至更有立场去赞同这个说法，让心里过得去。我知道人间的苦楚和不易，但这仍旧不是靠得住的理由，倘若以此为由，那么"第一次当孩子"的孩子们就更应当被善待，他们又去哪里找理由呢？我当然可以告诉自己，我不过是犯了每一个家长都会犯的错误，然而给犯错找个理由并不会让事情变得更好，所以我现在选择不这么做。

自我调节是我作为成年人私下需要做的功课，而这些都跟孩子无关。

我们固然是第一次当父母，但很可能也是唯一一次当父母，所以才更应该努力不要做出令自己后悔的事。我并不认为在若干年后亲子之间尴尬地和解是一种感情上的升华，人生不是小品，不管多么荒诞，不是到结尾处响起音乐大家一起挤出几滴眼泪便可让一切问题解决，互相理解。有一些痕迹，永远不会消失，而失去的，终归不会再回来。

当然，那些令人难过的经历也并非没有价值，起码它可以让我明白不重蹈覆辙的重要。成年人自然有他们的苦，但我们也应该知道孩子也有他们的苦。如果这种苦来自父母，那么就太残酷了。

与其总是想着自己是第一次当父母，不如让自己第二次当孩子。因为只有做回孩子才能明白，孩子们对父母并不期待太多，有时候只要一句话：

"我对你的爱，没有任何条件。"

这些事有时真的很难，但值得为此坚持。

谨慎喝鸡汤，我来刮刮油

有些家长在跟孩子相处时经常会用一些条件作为交换。

比如，我认为每个孩子都应该拥有至少一套漫画和看漫画的权利，漫画是孩子成长必须拥有的，可以让孩子获得快乐。我在这一想法的驱动下，为我的孩子买了一套漫画，并且给予了他看漫画的自由，那么这就是我爱他的一种表现；如果我知道孩子有看漫画的需求，但依然坚持他必须同时要达到其他某种目标才能获得看漫画的自由，这就是有条件的爱。

很多单纯的好事都要加上一些条件，那么孩子会对亲子关系产生混乱的判断：你是爱我，还是爱那个在你评判体系中优秀的我？

有时候并不是父母真的需要这个条件，而是希望借助条件来促使孩子进步，在没有达到这些条件之前，忍着情绪，绷着笑脸，捂着口袋，一定要等到这一切在孩子达标后一并奉献。这并不是一个科学的刺激进步的方式，反而会让你的爱带上一种不明确性。

此外，孩子总有"优秀"和"不优秀"，以及传统的优秀和非传统的优秀，但你们的亲子关系并不会因此而改变。所以，你的鼓励并不需要跟爱意表达绑定在一起。

多劳多得这套办法，还是放在工作中比较好，在父母表达爱时就不要掺杂太多亲子关系之外的考虑了。

如何"爱",更重要

看到一条新闻,《北大毕业留学生 12 年没回家过年,万字书信控诉父母》。一个"80 后"青年深刻表达了自己的痛苦。很多人对他表达了同情,但也有一些人以自我经历驳斥了这封信,认为这只是他个人不能好好处理的问题。

这件事让我颇为感叹。

正巧上个月跟朋友聊天,他说前段时间自己跟父母掀了桌。

他一直是温文尔雅的人设,平日里家庭氛围也是父慈子孝的,很难想象他的家庭会出现掀桌这么劲爆的场面。问及原因,他说是跟父母说到想要与交往多年的女友和平分手时,父母不同意,并对他进行了插刀般的人身攻击。比如,不但工作不努力,混到近中年平平庸庸,现在连对感情也开始不负责,怎么会养出你这么个孩子云云。话至此处,朋友也怒而反驳,斗争逐步升级。

可想而知,双方都进入了翻旧账模式,对话必然陷入"我们掏心掏肺地爱护你,所有的事情都替你操着心,你自己不但不争气、不感恩,混成如斯样子,反倒犯起浑来"和"就是你们这种样子才养出我这么个人!要不是你们我也成不了这样"的针锋相对中。最终引发掀桌惨案。

他说他人生中几乎一切重大的决定,都是他父母通过各种方式替他决定的，到现在却被说成是碌碌无为。他活到这个岁数，在自认为的能力范围内尽最大努力挣扎了这么久，才发现根本就摆脱不了这条路带给他的影响。

我问他："这话你憋在心里很久了吧？"

他举起杯中酒一饮而尽。

"我后悔啊！"

此话充满悲凉。

放在十年前，我搞不好会义愤填膺地问："你自己作的你赖谁？有本事你一成年就自立啊！谁让你心甘情愿被别人决定人生的？你不会自主选择吗？当初你靠着父母，现在你倒说起片儿汤话来。"

然而活到现在，身为人父，养育着两个孩子，观察着和体会着生理和心理都尚未成熟的小生命在家庭中的地位和他们的感受，觉得以上问题看似有理而公正，实乃幼稚——不但幼稚，而且坏。

一成年就自立，看起来貌似是一种个人选择，但事实上远没有那么简单，自立是有基础的。一个人的自立，并不是成年后突然降临的能力，而是从小被尊重，从小就在一个有自行选择权利的家庭环境中长期锻炼而成的。而能够做到这一点的父母，太少了。

前几年有一个段子，是这么说的：许多人生个小孩就爱穷讲究，怀孕期间猫不能碰、狗不能碰、咖啡不能喝、电脑不能看，生怕怀个天生弱智。其实，大部分爹妈只需要一句话甚至一个眼神，就能让孩子傻好几十年。有那工夫不如先治治自己的神经病。

现在再看这个段子，我已笑不出来。

做一件事，如果热情和能力不相匹配，那就很难做成——倘若热情过多，把事情做坏了也说不好。许多父母最大的问题就在于用力过度，而且方向总是不对：我认为我爱孩子，就是爱孩子，而且我还要玩命地爱我的孩子。

只靠一腔热血就一猛子扎下去爱——感情上绝对是够了，但爱的能力跟不上，最终造成预期和实际的差距很大。所以尽管他们——我现在终于可以有立场硬气地说"我们"——用自己的付出把自己感动得一塌糊涂，一直念叨着"等你长大了就懂得我的意图了""等你有了孩子就会明白我的一番苦心"，但等到矛盾爆发时，才发现孩子根本就没打算感谢你，甚至随着年龄的增长他们还会开始反抗，于是父母苦痛万分地哭诉自己养了个白眼狼，表示被"不识好歹"的子女搞寒了心。

不能不承认的是，父母对孩子确实付出极多，造成这种情况的原因有很多，历史原因、伦理原因、社会原因、经济原因、文化原因都是推手，延展说出去意义已不太大。但不能忽视的是，这种巨大的付出所制造的家长心理，造成了两个结果：

一是父母会把一切为孩子的付出——我暂且都不说某些"付出"还未必是好的——都与亲子关系搅和在一起；二是父母做事情只看动机，不管结果，"为了你好"成为一切行为的正当理由，并且笃信有了这个正确而真挚的动机，结果就一定是好的，你就要听我的——即便不那么好，你也不能说什么，因为我付出了那么多。

这两个结果会对孩子的一生产生影响，并可能在若干年后爆发尖锐的冲突，因为这种亲子关系最大的问题就在于：谁也不能为自己而活，大家都委屈。

第一个结果，说出来很多人想不通，说不好就成了忤逆。父母就是付出了啊，他们掏心掏肺地把下半辈子的时间和积蓄都拿出来给你，还要小心翼翼地看你的脸色吗？孩子难道只去接受他想接受的？房子你要了，工作帮你找了，父母多说几句就不行？然后你个小白眼狼还反诉父母对你造成了伤害，非但不感恩，竟然还不如小时候懂事！

　　听起来很有道理，深究起来，逻辑缺失，概念偷换，因为这里并不是在讨论人是不是应该感恩的问题。父母这种"感恩需求"的情绪一旦跟亲子关系搅和在一起，就等同于把两个标准混淆在一起考量。在这件事上多做点，是否可以为另外一件事背锅？再通俗一点儿说，一个会木工的司机一定是个好厨子吗？

　　实际上，能为孩子塑造健康性格的亲子关系，与父母付出多少真心和物质没有关系。强行增加联系，就难免找不准养育孩子的目标——我不能不说，很多事情跟道德绑在一起，反倒要跑偏。

　　我所能交心的朋友圈里，家长"付出"的程度不一，但他们无一不带着自己原生家庭的深刻烙印，这些与父母的付出无关。有些人活到一定岁数甚至当了父母后反观自己的孩子，开始有切身体会，并时常反思校对自己的父母"准则"；有些人则变成了他们父母的翻版，重蹈覆辙。

　　强势父母对应的孩子大多谨小慎微；爱抱怨的父母则容易带出悲观的孩子；父母不相爱甚至恶言相向则会让孩子完全不信任家庭关系；不能做到足够尊重和给予孩子选择权的父母，孩子往往丧失判断的能力和勇气——三十年后，当他痛苦后悔时，你嘲笑他说："当初谁让你听你爸妈的，你活该！"

　　这不是坏是什么？

　　这些结果的造成，跟父母每个月花多少工资给孩子，或是不是拿出一辈子的积蓄供他上学、给他买房都毫无关系。尽管我非常承认，大多数父母付出的实在太多了，但这赖不着孩子。

　　第二个结果，就往往涉及操作层面，"为孩子好"在当今大多数家庭恐怕已经不是认知上的问题了。我说的并非这些作为监护人的基本功能，虽然"功能"一词听起来有点冷冰冰，但我还是要强调，完成监护人的基本功能和创造良好的亲子关系是"把饭做熟"和"色香味俱全"的差别，这正是父母和好父母的区别。

大多数家长"为孩子好"的目标比较明确，并各自采用手段为之努力，我丝毫不怀疑，当然更不反对。我强调的是即便为了同样的目标，基于不同处理方式结果却会完全不同的事实。

很多家长"以爱为名"，表面讲道理，实际很专制，以动机正确性掩盖深层的一塌糊涂。

比如：

我这么做是为你好。（但你不同意不重要，因为你不懂）

这件事坚持下去你准能见到效果。（但你不能问为什么，也不能不相信）

你要做一个懂道理的人。（但你懂的道理必须得跟我的道理是一样的）

我希望你能建立自己的人生目标。（但是我得告诉你，医生、博士什么的目标就是比别的目标更好一些）

你要懂得总结人生经验。（但是你必须先把我跟你妈的人生经验记住了，按我们说的来）

你要当一个好孩子。（好孩子的意思是要听我的话）

以上这些还算是好的，还有一些家长，干脆就耍起光棍。

比如：

遇事不讲道理，摆出一副"你懂什么，你跟我争，我吃过的盐比你吃过的米还多"的样子。

有什么安排和计划讲不出理由时，只会说："我能蒙你吗？""这个世界上只有我不会害你！"

遇到错误，不加思考地先数落一顿孩子，不考虑错误的背景、环境、其他人，甚至是否是受了自己的影响。

不能就事论事，什么事都爱往孩子的品行上说，乱扣帽子。

矛盾一升级就歇斯底里："我怎么生了你这么个孩子啊！"

明明是自己没做好，也要在孩子面前说："我对你这样就不错了！"

经常像琼瑶阿姨的男女主角一样，伤心失望地哭喊："我拿出那么多精力对你，放弃了自己的生活，你就这么回报我，你怎么这么没良心！"

明明是自己带出来的孩子，达不到自己的标准，却赖孩子不争气。

这些家长如此拧巴，归根结底是不认为也不打算认为孩子是一个有独立思考能力、有判断能力、值得被真正尊重的个体——在此前提下所有的爱，无异于灾难。

就像开篇提到的北大留学生，有一些人认为是他自己的问题。事实上，原生家庭对孩子的影响早有定论，只有极少的孩子能够做到性格的自我修复，大多数人终生带着原生家庭的烙印，这不是能力问题，而是切切实实的心理问题——不承认这是心理问题而轻描淡写地说这是个人能力问题，才是最大的恶。

任何一段人际关系，包括亲子关系，都不能是一种想当然的单边关系，没有足够尊重对方，早晚有被反噬的一天。

做父母的门槛很低。没有任何人能对父母进行考核，孩子也不能选择自己的父母。

做父母的门槛很高。如何能够爱孩子而不控制他，做一个有科学思考能力、心理独立的父母，远没有那么容易。

有时候，你有多用力爱，就会造成多大伤害。

―――― 谨慎喝鸡汤，我来刮刮油 ――――

我对于父母对子女的爱是否真挚这一点毫不怀疑，但就像这世间所有事情一样，动机和结果到底哪一个更重要，则是很值得讨论的。出于好的目的，最终却搞砸了，无论如何也不能算是好事。好心办坏事到底还是算坏事，这几乎没什么可说的。

这个标准放到亲子关系中也一样，在毫无争议的"爱孩子"的动机下，如何爱就显得更重要，因为这才是真正可以决定结果的因素。但可惜的是，很多家长的爱，是不能被质疑、不能被反对的。

我常说，有一些家长对孩子的爱是充满攻击性的。这种爱最大的标志就是对孩子没有足够的尊重，父母就没有把孩子当成一个对等的生命体来对待。这种不尊重主要表现在以下几方面：

以付出作为筹码，在否定孩子的判断或评判孩子的标准时有无法被推翻的权威理论："我为了你付出了这么多，你怎么就不能理解呢？"

以亲情关系代替逻辑分析，比如"我是你爸，我能害你吗？"，这就是标准的讲亲情不讲逻辑。你是否是他的爸爸，与最终会不会害了他之间，根本就没有任何逻辑关系。

我们都知道，当今社会变化之快，经验已经越来越靠不住。我经常说，五年前的很多事已经消失了，五年前无法想象的事，现在却已经成为主流，所以那些过往几十年前的经验，又有多少参考价值呢？

我付出、我爱你，却成了控制孩子最好用的工具。

基本上这种爱的结果就是摧毁孩子的自信，使孩子失去自主选择的能力和勇气，终生戴着一副道德的枷锁生活着。

我绝对承认家长的压力，我自己作为家长，也时刻能感觉到这种压力，家长付出得越多，对孩子的容错率就越低，家长不能接受在这种付出程度下孩子失败，所以会尽可能地想去影响他们的行为。这完全是家长的心理问题，所以成年人的压力不应该是不反思的理由。

3 我爱你，没条件：
给孩子高质量的爱与陪伴

　　家长对孩子的影响太大了，我可以站在家长的立场上替他们哀号和找理由、找面子，但这样并不能让事情变得更好。

　　家长和孩子之间，如果想要形成健康的亲子关系，还是需要家长爱得单纯一些。

给情感做解绑：让孩子做自己

看见如此一则新闻：

几组家庭的母亲化妆成二十年后的模样后，孩子们蒙上眼罩来到妈妈身边，然后摘掉眼罩与自己的妈妈对视，很多孩子面对这样的妈妈流下了热泪。活动方希望借此让孩子感受养育之恩，珍惜亲情，拉近现代社会孩子与父母的距离。

看完之后，我百般感动、万千感叹：现代社会的孩子实在是太不容易了。

几岁的孩子，戴眼罩前看到的还是青春、可爱、美丽的妈妈，眼罩摘下来，确实一个一脸大褶子的人张开双手拥抱过来，我个人认为，孩子的热泪主要是吓出来的。

我相信大多数孩子看到这个诡异的场景心中非常惊讶："成年人实在太会玩了，仗着自己掌握着经济资源和没人管的自由，一天到晚拿我们开涮。"

且不说二十年后父母会不会变成那副样子以至于吓得人一身鸡皮疙瘩——我身边很多朋友家里具有高尚情操的父母，其面相简直不要太嫩——单说这种行径，除了自"嗨"，还能达到一些什么需求呢？

最大的需求莫过于感动自己。

这种需求倘若捂在被窝里自己消化，倒也没什么可非议的。关键是这事如果牵扯到了别人，拉着别人感动自己，就不太合适了，无异于一种道德绑架。

有点像现在层出不穷的当众求爱，无非就是求爱者感动了自己，自认为做了一件天大的事情，对方不领情天理难容，其实你做了什么呢？平时跟你都不熟，你摆一地蜡烛就要跟你好啦？好在群众喜闻乐见的结尾越来越多，姑娘们开始懂得当众拒绝了。

同理，爹妈如果平日里跟孩子就相处不好，化个吓人的妆，孩子突然就能基因突变，懂得感恩了？乖乖，什么妆这么厉害，催眠妆吗？孩子的成长伴随着父母的衰老，本就是自然规律，孩子对于生命的衰老在心理上也是逐渐接受和理解的，给小孩看一张七老八十的脸，期待他看到之后突然就懂得了爱，真是天方夜谭。

这种伸手要感恩的行为，也真是不给当父母的长脸，表现得极其不局气，就差直接告诉孩子："孩子啊，你妈妈/爸爸我二十年来为了你操碎了心，劳尽了力，奉献了青春，奉献了生命，熬啊熬，熬出一脸大褶子，你瞅我这样，你说你要怎么办？你看着办啊！"这种价值观传递不但简单粗暴，而且毫无道理。

正常的孩子摘了眼罩恐怕会当场蒙掉，不正常的孩子，比如我——我小时候曾经看过一部叫《血洗鳄鱼仇》的印度电影，里面有一个被鳄鱼毁容的姑娘给我留下了不可磨灭的印象——要是突然眼前出现这么一位，我觉得自己不但不会流下热泪，反而近期睡眠质量会堪忧。

要是我儿子看见我画成这样，铁定扑哧一声哈哈大笑："爸爸，是谁派你来巡山啦？"

而我小闺女就没那么多话了，摘下眼罩看见我这惊悚的德行，甭等我露出半点感动自己的表情，早就一声大吼，给我浑身上下十全大补一番就让这事完美结束了。

谨慎喝鸡汤，我来刮刮油

父母对孩子多少会有一些这样或者那样的心理需求，这恐怕是一定的。毕竟大多数父母如果是在非强迫下自主地选择生养一个孩子，一定是对亲子关系有所期待。我对这一心理需求没有任何意见，关键就在于不要让这种自我情感需求成为一种对孩子的情感绑架。

情感绑架在人类社会中很常见，利用道德和情感制造出一种令人无法切断的行为准则，让人产生"必须这样""不这样就是错的"的心理，这种关系即便出现在社会生活里，也需要及时通过心理干预进行阻断。如果出现在亲子关系中，会对孩子今后自我价值的认定，做事的目的性和行为准则，以及自我评估等方面造成巨大影响。如果一个孩子在"怎么活、为谁活"这件事情上都犯了糊涂，他又怎么能活得开心？

退一万步讲，父母即便对孩子有"感恩"的心理需求，也大可不必去做这种令人尴尬的事情或时时把感恩挂在嘴边。你付出了多少，孩子都能理解。父母用心对待他们，自然就会在他们心里有个位置，感恩是自然而然生出的珍贵情感，完全不用把自己的脸蛋画成个花瓜一样去启发孩子。

懂事的孩子，伤得比较久

上周五我打开家门时，心情是非常愉悦的。我这个人没什么出息，一到周末就"嗨"起来。在这一点上我儿子比较随我，周五晚上连作业都不爱写，我女儿在周五晚上学习舞蹈也经常拖拖拉拉。但我对这一切都觉得无所谓——周五就是要让所有人都变成最快乐的懒鬼的日子。

但当我走进客厅，我儿子并没有像以往一样飞出来跟我臭贫。家里弥漫着一种诡异的安静——以我对他的了解，有事。

我走进他的卧室，他正在埋头写作业，直到我走到近前，他也没有抬头看我。这是一个标准的躲避的姿态——以我对他的了解，这事儿肯定不小。

我问他："怎么了？"

他这才被迫抬起头来对着我，我看到的那张脸上并没有周末的兴高采烈，而是带着歇斯底里后的疲惫，以及巨大的恐慌。

我继续问："到底怎么了？"

我在问话的时候脑子里已经列出了一些假设，比如考试考"糊"了，或者在学校闯祸了，被老师批评，跟同学打架，但其实这些事在我心里仍旧不至于算"有所谓"。

他说："我发脾气了。"

"为什么?"

"我妹妹老哭。我正在写作业,她老哭,我就生气了。"他断断续续描述了一下事情经过,包括他妹妹是因为由妈妈还是由奶奶送她去学舞蹈这件事哭闹,并详细地形容了一下妹妹是如何哭闹的。

"然后呢?"直觉告诉我这事没这么简单。

"然后我就生气了。"

"你做了什么?"

"我冲出去骂了她。"

"嗯,还有呢?"

"我还踢了她。"

此时我还算冷静。两个孩子之间出现一些争执是很常见的,但我并不认为这不值得重视,事情的起因涉及每个孩子的心理问题,是需要解决的。我更担心两个人身体条件相差太多,我儿子嘴里的"踢她"如果真的瓷瓷实实地踢到妹妹身上,那对妹妹来说绝不是一个可以轻描淡写的体验。我要阻止今后再发生这种情况,就必须要了解到底发生了什么,问题在哪里。所以我决定保持一个严肃的态度,开始自己的破案。

我善于破案。

"你是不是这周作业太多,做得有些烦躁了,还是作业太难了?还有多少没有做?"

据我的经验,周末作业多或者难度比较大是很容易让他生气的事情。这有点像起床气。如果是这一点,我觉得我需要劝劝他,不要拿别人撒气,这不是一个正常的情绪疏解渠道。

"不难,也不多。"他回答。

"那你为什么这么激动?妹妹哭的时候跑到你这里捣乱了?"

"没有直接捣乱,但是她一哭我就写不了作业。"他的口气开始强硬了起来。

我想既然不是撒气，那么这可能是一个心理素质的问题，我要解决的是让他知道如何在不利于自己的条件下做事的问题。

"如果你在学校的时候有其他同学发出声音，你也要冲过去踢他们吗？或者你今后考试的时候，外面如果有任何的声音，你是不是就不能考试了，非要想着出去跟谁吵上一架？"

我想表达的是，任何一个人生活在这个世界上都不可能让所有条件围着自己转，在他写作业的时候全家都不能发出声音，否则他就要借机发脾气，是很不讲理的。即便家里人能忍让，出了家门也没有人会这么哄着他。在今后正式考试时，谁也不能避免遇到影响自己的特殊情况。能迅速调整自己，让自己不被影响，保证把事情继续做下去，这是一个非常重要的心理技能。

"我就是写不了！我就是不想听她哭！今后我也考不了试了！"他摆出了一副根本不想听道理的样子，说出一些完全不在交流层面上的话。

我开始生气了。

我为他买了周末的电影票，为他精挑细选了圣诞礼物，还特意给他带回了一些漫画，我开开心心回到家，结果开门就是这个情况——我选择跟他讲道理、找问题，他却要跟我耍脾气。

于是我提高了声音："这件事本来就是你在莫名其妙地生气。我不认为这点事情至于让你气成这样，以至于你要追出屋去骂她打她。你妹妹既没有给你捣乱，也没有在你屋里大声哭。"

"你就知道说我！你们全都说我，我的情况你怎么不想想？她哭我就要骂她！我就是写不了作业，我就打她！"他恶狠狠地说，眼里带着被冒犯的愤恨的光，尖刀一样充满攻击性。

他完全不讲理的状态终于激怒了我。

"你今后就打算这么解决问题？面对不合你心意的事就要借助暴力？"

"对，我就暴力了！"

"你为什么跟同学都能好好相处，但跟妹妹就要这样？"

"我就这样了！我就爱跟她这样！"

不管我说什么，他就是摆出一副油盐不进的样子强行争执。

此时我爱人送女儿回来，她听到我儿子的话，走到屋里又跟我把事情说了一遍。她跟我强调了两点：第一，他的作业马上就做完了，根本不存在因为作业很多导致他很烦躁的情况；第二，妹妹根本就没有哭很久，刚刚哭了一小会儿他就冲出去骂，结果在其他人的阻拦之下，又要动手打。

我儿子听到他妈妈的这些话变得更激动，明显在情绪的引导下已经偏离了正常的方向，说的话也就更加没法听。

但我却突然意识到一个问题，并且冷静了下来：如果事情真是我爱人说的这样，他就更没必要这么做，他不是一个无理取闹的人，那么一定是有什么其他动机让他这样做。到底是为什么呢？他想干什么？

我思考了一下，想到一个可能，但我不太肯定是不是事实，于是降下声调试探地问："你是想帮妈妈管管妹妹吗？"

我儿子突然停下了争执的叫喊，眼里尖刀般的光瞬间退却，几秒钟后，他用几乎崩溃的方式哭了出来，一发不可收拾。

那一瞬间我的胸口被重击，将我的恼怒和自以为是全部击碎，只留下心疼。

果然是这样。

这一切与妹妹是否影响到他写作业和他的作业多少完全没有关系，他的动机是希望在妈妈束手无策的时候帮助她阻止妹妹哭闹，只是选择了不够好的方式。但直到我在试探地问他之前，家里所有人都没有认为他想帮助家长——包括刚才自认为很会破案的我自己，也是一上来就在寻找"他的问题"，而并不是思考"他想干什么"。

有了妹妹之后，我们可能很多时候都在无意中对他做出了"应该变得更懂事"的姿态。

比如，他应该更谦让、更理智、更具有道德感；比如，妹妹是他的跟屁虫，所以他作为榜样，应当在言行上更注意；比如，他应该更理解我们，更加不能犯一些幼稚的错误。

我们在不知不觉中对他进行了情感的绑架，迫使他变成了一个懂事的孩子，他甚至认为他应当充当家长的角色去帮助我们管教妹妹——但当他真的这么做的时候，我们却在指责他过于野蛮。

我在很久以前就看过曹保平导演的《狗十三》。但我在那一天的争执后，又去看了一次，再一次在黑暗里撕心裂肺。

少女李玩，在遇到种种事情后，十三岁的她，变得成熟了，她懂事了。

她看到了她的父亲在饭局上谄媚地跟领导说："跟您吃饭就是这辈子最大的事儿！"而对她的承诺却只字不提。

她明白了即使失去最心爱的重要如命的狗，她的不依不饶也是需要有限度的。"家里人表现得也很难过啊，也给我买了新的狗啊。"她必须对自己这么说。大家都需要有个台阶下。

她明白了自己并没有是否与别人和解的自由，唯一可以选择不和解的，就是与自己。当然，这种领悟来自父亲"忍无可忍"的暴打。

她明白了一个成年人可以高喊着"你气死我了"，然后在情绪崩溃的掩盖下便能狠狠揍自己一顿。此后他还会回来道歉，但更重要的是，他的道歉是为了诚恳地向你阐述你挨揍的原因是他爱你，而你要做的，是忘记那些巴掌，只记住那个道理。

她明白了，她必须要妥协，妥协是维护她这个世界和平的最大技能——至于自己愿不愿意，都不太重要了，也没办法变得重要。

少女李玩懂事了。

比起《狗十三》,我倒觉得写成"《狗13》"的海报要更形神兼备。

一个人的成长,不就是慢慢学会这个残酷、虚伪的世界的生存法则吗?不就是锻炼与那些你不喜欢的人合群的能力吗?不就是学会给自己的违心找一个正当的理由吗?

谁不得活着呢?我们这么劝慰着自己,变得成熟了。

李玩说:"这样的事,以后还多着呢。"充满嘲讽,充满绝望,充满无奈,也充满认命。

成长永远是残酷的。

我们要求孩子懂事,但懂的必须是成年人的事。是否懂事,要看孩子是否懂得成年人的心思。

我们奋力地培养着懂事的孩子,并以此为荣,认为自己给了他更多的情商。"您家孩子多懂事"成了一种高级评价。为此,家长们不惜用上"我为你牺牲了什么""我为你做了什么"(我很惭愧,因为我在那一个瞬间在想:我买了电影票,我买了礼物,你为什么还要气我?)"你要如何回报大人"等言论去绑架孩子,无耻而残酷。

但懂事的孩子,往往是被伤出来的。

懂事的代价很大,他们变得过度需要别人的认可,过分害怕别人生气,为了维持"秩序"做出妥协;他们永远把"善待自己"放到"让别人开心"之后,需要为别人的情绪负上远远大过自己应负的责任;他们敏感而迟疑,时常质疑自己的选择和能力,永远缺乏自信,也缺乏自我认知的能力,因为不能自我认知,变得胆小而谨慎;他们自我束缚,被太多思虑禁锢,于是永远只敢在保守的边界缓缓前行;他们的幸福阈值高得可怕,需要很大的努力才能感受到幸福,但随时可能被一件小事破坏他们的快乐——这一切,似乎是我们在当家长前都感受过的再熟悉不过的不堪回首啊!

然而,我们却忘记了自己的过往,让自己的孩子重蹈覆辙。

我们思考，我们自省，我们自以为做得不错，我们被自己感动着，却从来没有跟孩子说过一句："亲爱的，我真的不需要你那么懂事。"

他们终究有一天会自我成长。但是，就让那一切自然而然地发生，不要着急推着他们进入懂事的世界。

因为，懂事的孩子，伤得比较久。

谨慎喝鸡汤，我来刮刮油

"懂事"这一对孩子的教育标准，听起来最无伤。懂事这一优点，专用于未成年的孩子身上，你很难听到成年人之间互相称赞"您可真懂事"，这在实际生活中大概是为了贬损骂人。但夸孩子时大家都不会拒绝，并且认为这是一个放诸任何孩子身上通用的标准。也许对孩子其他的要求可能跑了偏，但懂事有什么不好呢？

懂事似乎是最正确的要求了，我们家长在最安全的层面上，往往会放开了教育孩子。但一些似乎毫无争议的优点，却远远没有看起来那么岁月静好。懂事就是了。

我们的懂事，是以"是否可以满足家长需求"为标准的。而判断一个孩子好坏的标准一旦跟别人对他的需求绑在一起，那么就会让他对自己真正的人生价值产生混乱的认知，把实现自己和满足别人进行挂钩。

不懂事的孩子在很多时候为了懂事只能靠妥协让大人满意，懂事的孩子必须越来越懂事，才能满足不断提高的标准。而在这一过程中，他丧失掉的是如何让自己满意的能力，如何面对自己真实需求的能力，如何判断自我价值的能力，把取悦别人当成目标，更易形成讨好型人格。

有些人认为不让孩子懂事会让他们长大后吃社会的亏,他长大工作后无意间顶撞了领导自己都不知道,怎么能混得好呢?

首先,很多事情根本就不是一个非此即彼的状态,懂事和不懂事之间,还差着无数个正常人格,不把懂事专门作为家庭教育中的一项,也远不至于让孩子"不懂事",成为一个不知深浅的人;其次,"混得好"的人是不是就是那些特别擅长取悦家长和老师的"懂事孩子"成长起来的,这之间毫无逻辑关联和科学性;最后,家长告诉孩子懂事的重要性,却忽视了一个人在成长过程中受教育程度、努力、经验积累和自我觉悟等其他因素对人生的影响,而只把"懂事"当成成功或不会吃亏的必要技能来培养。这种意识过强的家长,往往会培养出最唯唯诺诺的、没有主见的、怕麻烦人的、极度敏感的孩子。

总之,懂事这种"满足别人"的优点,实在是没有必要作为一项家庭教育,大张旗鼓地开展起来。是孩子,就让他踏踏实实地当孩子。

情感富养：高质量陪伴才是孩子渴望的

前几天带孩子在商场的儿童乐园里玩，休息时我拜托儿子去隔壁超市买酸奶，让他挑自己喜欢的，顺便给妹妹也买一份。

我给了他一百元钱，跟他说："剩下的钱你自己留着，当零花钱。"

我算了一下当前市场上主流偏上的进口酸奶价格，两盒酸奶买下来，这个盈余对孩子来说不算低了。

不知道是现在的孩子不缺钱还是没有用钱的地方，或者我儿子还没开窍，他听见"零花钱"三个字并没有表现出我预想的开心。

然后他平静地攥着钱进了超市。

我小时候对钱有着异常的敏感是在二年级时，我爸为了奖励我考试"双百"，给我端回来一台任天堂红白机。

当年放学回家的路上，我经常会在商场里耗上一会儿，看着售货员的孩子放学后在柜台里面肆无忌惮地占着公家便宜，玩着展示用的游戏机。如果假模假样地为他叫上几声好，算混好了关系，就能在他喝水撒尿时接上一两把。因为长期盘桓于柜台前，我对那个绿色价签上红色醒目的"245元"记得非常清楚。

245 元人民币，在 20 世纪 80 年代，相当于一个职工两个多月的工资，加上一张四合一游戏卡，得三个月工资才刚刚够——如果按现在北京平均收入，相当于拿出至少三万块给孩子买个玩具，手笔之大令人咂舌，恩情之大我无以为报，只好用天天玩来报答。

我之前从来没奢望能拥有这么昂贵的玩具，所以当我爸提着被捆成"田"字形的一个大纸盒子回来时，我以为是他周末去我奶奶家蹭饭打包的稻香村点心匣子。

当时他一句话没说，把盒子放在我面前，转身就走，神情冷漠，独孤求败，谁与争锋。

当我准备偷吃个桃酥时，才看清楚那是什么东西，当即热泪盈眶，奉献出了自己的初跪。当时觉得我爸的背影异常高大，几乎快顶到我家两米七的天花板了。

那台游戏机让我一度成为楼里的风云儿童，买来的第二天就有小伙伴来敲门。我爸一开门，小伙伴恭恭敬敬地九十度一鞠躬："爸爸，我叔叔让我问问能不能跟刮刮一起玩会儿游戏机。"脑子和嘴巴都激动地瓢了。

从那时候起，我对钱有了直观的概念：钱可以让人开心——在那个物资匮乏的年代，这种开心超越了放假，超越了春游，超越了每礼拜二下午少上的半天课。

当年的孩子可能会有几次拥有奢侈品级别礼物的机会，诸如我的体验，但那种开心的时间并不长，到后来我自己的体会是，真正能让自己可持续开心的，还是拥有自主支配的零花钱。可惜这种零花钱非常少，春游的时候家里能给上一块两块，平时几乎不会给。

我从三年级开始在学校练田径，每天三点半放学后练到六点半，结束后饿得跟野狗一样。校门口常年有个用汽油桶烤白薯的摊子，每次路过那桶烤白薯，香气扑鼻，口中生津，神魂颠倒，不能自拔，恨不得像动画片里的杰瑞一样被奶酪勾引得飞起来。

3 我爱你，没条件：
给孩子高质量的爱与陪伴

我有个队友家境稍好，兜里时常有个块八毛，于是他就可以很骄傲地买上一块比两个手指稍粗的小白薯，在我面前表情夸张地吃个干干净净。在跑步时，他鲜少胜我，但在吃零食方面却赢了个彻彻底底。我因为嫉妒而嘲笑他买的白薯太小，他不以为然，一边翻着白眼一边认真啃着白薯皮甩着片汤话："你懂个屁，小的烤出来才好吃，一吸就成，都不用嚼，跟融化的糖一样甜，像喝蜜。"他作文写得一塌糊涂，形容烤白薯的词汇却异常丰富，行径令人发指。

我虽然馋，但如果我能得上点零花钱，我会攒下来。有那么一点儿小积蓄会让我心里有安全感，让我有可以选择的自由感。我有时候会去逛个商场，在众多零食间游走，寻找"我可以买这个""我也可以买那个"的幸福感——尽管我根本不会掏钱买。

我的零花钱不会浪费在吃喝零食上，我的零花钱有很多刚需的用途。

比如，零花钱的一部分要用于社交。

儿童社交非常单纯。你有弹球，我们撅着屁股来一局五坑，你就是我哥们儿；你有洋画，咱俩蹲在街边拍上一沓，马上就成了兄弟。成年人见面互相上烟，孩子也是，兜里如果没有点玩意儿，都不好意思张嘴搭话。要是对方兜里掏出的不是洋画而是贴画——这两者在当时有两倍左右的价差——那么必然是对对方刮目相看。而这些，都需要零花钱供给。

还有一部分钱是用来买真正喜欢的东西。

旧时北新桥路口东南角，就是现在簋街的西口，有一片玩具摊儿。老北京大爷大妈们用从白沟批发来的各种便宜假货无情地赚取着孩子们的零花钱。假货糙得很，比如红身子绿腿这种配色极具农村大秧歌风的土得一塌糊涂的变形金刚，又或者是脑袋、身子和屁股都不是一个人的拼凑起来的特种部队的兵人，还有一些粗制滥造的刀枪剑戟和长枪短炮以及画工粗糙、印刷劣质的洋画，当年最是常见。对于攒钱不易的孩子们来说，需要有一双善于淘换的慧眼才能把好钢用在刀刃上。

逛摊子的时候，有的孩子背着手，顺着摊位慢慢溜着，不时低头看看装在一个个小盒里的配件，希望能给自己的兵配上把趁手的武器；有的孩子站住了，专心地把玩一个巴掌大的六面兽，看那些关节是不是顺滑；有的孩子弯着腰，一只手掀着，另一只手扒拉着成堆的洋画，打算从里面挑张最顺眼的。

两个孩子互相一照面，微微点头一笑，如有认识的，会把淘换来的好东西拿出来交流。

"你这张洋画里黄金圣斗士那么多？哪个摊儿上买的？"

"就这一张了，让我给买了。剩下那些都不灵。"话里带着满满的得意。

"你这特种兵腿可折了啊，就这儿，你瞅。"

"哟，还真是，我找那老太太换去！"

"走，我跟你一块儿去，晚了不认了。我给你证明不是你掰的！"透着那么一股子仗义。

老东城兜里有点闲钱的孩子们在此聚集、挑选、消费，用未老先衰的口气和北京孩子特有的充满零碎儿的语言交流着，像极了儿童潘家园。

有一年过年，我去舅姥爷家串门儿，得了十块钱压岁钱，心里乐呵，出门就奔了北新桥淘换东西。

在摊儿上走走停停间，突然眼睛一亮，看见一个盒装的两拃来长的短笛大魔王，无论从做工、配色、上色、关节活动程度都堪称少见，相比起来，其余的垃圾顿时暗淡无光。一问价格，也是鹤立鸡群，老太太张嘴要八块，一听一哆嗦。

八块钱是什么概念？五毛钱一张的八开的洋画能买十来张，两块钱的假G.I.joe兵人能买四个，以当年儿童的消费水平来讲，这个价格可想而知。但是当年正流行七龙珠，我是打心底里喜欢，拿起来就放不下，于是张嘴杀价，杀到七块时，老太太死活就不搭理我了，一副"爱买买，不买滚蛋"的架势。人家老太太见天儿看多了流着哈喇子、自以为聪明的砍价弱智儿童，我这小麻雀到底斗不过老家雀儿，最终乖乖地掏了七块钱，捧着我心爱的短笛回了舅姥爷家。

路上我一边摩挲着玩具，一边琢磨着：虽然过年时家里不太管零花钱怎么花，但是刚到手十块就花七块钱巨款买一玩意儿，肯定要挨说。于是我决定，回家要是有人问，就说是两块——兴许大人都在打麻将没人问，事儿就遮过去了。

进了家门看见我姨带着我弟来了，我心说坏了，人算不如天算，走路踩狗屎出门见乌鸦。果然小崽子一看见我的短笛，伸手就抢，不给就哭，根本停不下来。

我姨没辙了："刮啊，刚买的？"

"嗯。"我臊眉耷眼儿地应付。

"多少钱？"

"两块。"我按照既定方案执行。

"嘿，不贵啊，来，给你四块，麻烦你给你弟买一个去，再给自己买一个！"

我接过钱，头一次体会到了文学作品里沉甸甸的感受。我佯装高兴，心中滴血，把刚才老太太找我的三块钱添上，咬着后槽牙又买了一个，吃了个巨大的哑巴亏。

回家爸妈问我怎么没给自己买，我只得谎称钱丢了，最终这顿骂还是没躲开。

从此之后我就很少说谎了。

那是我零花钱生涯里非常痛苦的一个记忆，也是第一次我想对亲戚的孩子下黑手。

当然，后来我们成了很好的兄弟，因为他平时抠抠搜搜、遇到心爱之物就手松的消费观跟我如出一辙。

那个均贫的年代，零花钱的主要来源还是压岁钱。从我有自主消费的记忆起，零花钱从两块到五块，一路看涨，到了四五年级的时候，能见着十块、二十的了。一到过年后开学，大家兜里有了闲钱，空气中都弥漫着一股纸醉金迷的奢靡味道，一个个如暴发户一般吹牛穷嘚瑟，认为一桶烤白薯都是自己的，直到各自爹妈热心地代为保存后，那种睥睨一切的霸气烟消云散，才认清现实垂头丧气起来。

好在我妈没这个好习惯。五年级农历年后，寒假还没结束，我妈给了我一个翠绿的钱包让我收好自己的压岁钱。那是一个搁现在也不算土的长钱包，纸币可以整张平整地放进去。我把压岁钱的崭新纸币一张张塞进去的那十分钟，生理和心理上都获得了高潮。

然后我一个好哥们儿好死不死地跑来约我去龙潭湖公园玩。

正沉浸在金钱的铜臭味中昏昏沉沉的我，好死不死地就把钱包带在了身上。

进了公园走到偏僻处，迎面四个初中生迅速走过来把我俩围到了中间。

"小孩儿，借点钱。"

我清楚是遇见劫钱的了，心中懊恼，下意识地捂了一下斜挎包。

"大哥，没带。"

"少废话！"

一个孩子开始扯我的包。我弯着腰把书包捂在怀里，用力扯着书包带。

另外一个孩子见状，啪地给了我一个大嘴巴。我手一松，书包被抢走了。

他们开始当我面翻我的书包，并不时地刺激我。

"嚯，还有钱包哪？还是一绿的，娘们唧唧的。"

我看见钱包被掏出来，五内俱焚，伸手要抢，又被他们扒拉开。

"哟，有十块的，嘿，不少呢，你够有钱的啊。"

其中一个孩子开始往外掏我的崭新崭新的压岁钱。

他每掏一张,我的心就跟着抽一下。他掏的不是钱,他掏着我的安全感、掏着我的自由感、掏着我的幸福感,掏到我耳鸣、掏到我眼花、掏到我失去了思考的能力。

我突然扑向了掏钱的那个孩子,毫无征兆。

他没有准备,被我扑倒在地。我撕扯着,用牙齿咬他裸露在冬装外的部位。钱包也从他手里掉下来,钱撒了一地。

其他三个孩子吓了一跳,开始拉我,但拉不动,然后他们开始击打我的身体。但这也丝毫不能动摇我弄死身下那个孩子的心。我那个哥们儿一开始被吓傻了,但此时看准了时机,蹿了出去,边跑边喊:"救命,来人,有人劫钱!"

"这小崽子疯了!快给他弄起来!"伴随着身下孩子的惨叫,其他的人开始踹我,终于我被踹翻在地。

身下的孩子得空站了起来,并没有向我发起疯狂的报复,而是带着哭腔说:"你至于吗?"

至于,你个王八蛋。我躺在地上瞪着他们,心里想着。

伴随着我哥们儿复读机般的"有人劫钱"的喊叫声,他们匆匆地从刚才掏出来掉一地的钱里胡乱抓了一把,转身跑了。

我头发凌乱、衣衫不整得像刚被恶霸欺辱完的小媳妇,衣衫不整就爬过去开始数钱。我一张张地把钱塞回钱包,计算着,最后把钱包妥帖地放进书包。我那哥们儿此时也跑回来了。

"刮,你真牛,你刚才叫得跟狗似的你知道吗?眼儿都红了。"

"看看地上还有吗?"

"刮,你脸破了。"

"大票没丢。"

"我说你脸破了!"

"少了十五！"

"……洗洗去吧。"

"还有四十！"

后来这小哥们儿唯我马首是瞻，并且编了一个宁死不屈、拼命反抗、一挑四对抗黑恶势力、保卫零花钱的神勇故事，广为流传，我要钱不要命的财迷钱串子形象一时深入人心。"动什么别动刮刮的钱，他能打死你"成为广泛的共识。

但我知道，我保卫的是我的安全感、我的自由感、我的幸福。

此后，对于零花钱的积攒和算计贯穿了我整个青春期，直到上了大学，谈起恋爱，才开始大手大脚——第一次约会，我带人家花一百多块钱吃了一顿狗不理包子，情商感人。我估计她后来考察了我那么久才最终答应我，兴许是想再看看这人是不是傻。这是后话。但"婚姻是零花钱的坟墓"的道理，深入我心。

我儿子从超市回来的时候费力地提着一个大环保袋子。我打开一看，装满了小方盒酸奶。我问他找回多少钱，他从兜里掏出两块，一脸自豪。我拿出小票一看，六块钱一盒的酸奶买了十六盒，还有两块环保袋钱，数学和情商也十分感人，我估计这够他算上十分钟的。

看着他给多少花多少的架势，我问："怎么买这么多？酸奶够喝就好了啊，不是说了找回的钱你留着当零花钱吗？你不自己留点吗？"

"行吧。"他把两块钱装回了兜里，有点勉为其难的样子。

"你没想过留点零花钱攒起来吗？今后想干什么的时候你可以拿出来用啊。"

"没有，我就想今后你能带我们多出来玩玩！"

我沉默。

我们那年代缺的是钱，而他们这个年代缺少的是陪伴的时间。我们需要零花钱来找自我，而他们，需要陪伴来寻求丰富的情感。

我小时候，似乎零花钱的多少真的可以作为一种爱的体验。在现在的物质条件下，情感上的富养才是我们与孩子之间更深刻的交往。

三十年后的孩子们，可能真的不需要通过零花钱来获得幸福的感觉，在张嘴就来的"爸爸妈妈在忙"的时代，恐怕一个温暖的拥抱或一段足够长的陪伴，才是他们渴望的。

谨慎喝鸡汤，我来刮刮油

当代儿童对零花钱的意识比我们小时候要低很多。原因有二，一是现在我们的家庭可支配资金比以前要多不少，以前孩子求爷爷告奶奶都买不起的东西，现在只要孩子张嘴，家长一看可以接受，就都给买了，什么东西都不缺，所以零花钱就显得没那么重要了；二是当年纸币是唯一的支付形式，孩子不管多小，总想有点儿钱落在自己手里，成为提高生活水平的重要资金。而现在电子支付成为主流，孩子至少要到了可以掌控手机的年纪，并且家长能够放心地给他们绑定银行卡，孩子才有可能自主购买东西。

当年的孩子都缺钱，但现在的孩子已经不太需要用金钱来提升幸福感了。

但当代儿童也未必没有自己的烦恼。现在家长的时间过于"宝贵"，亲子互动从幼儿到上学，大部分内容和时间都交给了培训机构，自发、自主的相处已经成为奢侈的事情。有一些时间跟孩子在一起的时候，也仅仅算是跟孩子"同处一室"地陪着，举着手机应答一两句。我曾经见过在公园里铺上毯子躺着玩手机的父亲，放着孩子在自己身边跑来跑去，这些都远算不上高质量的陪伴。

  在当今这个时代，时间确实宝贵，所以就更需要家长在有限的时间里，真正用心地去陪孩子做有意义的事情，聊交心的话，投入地去做有趣味的事。孩子成长的过程是不可逆的，那些值得珍惜的时间和场景一旦错过，就再无追回的可能。

如何不被孩子嫌弃

───

朋友携全家前来拜访，并共进晚餐。我们岁数相仿，他儿子也跟我儿子同岁，大家比较聊得来。孩子吃饭快，吃完就下桌疯去了。我们几个大人久不见面，酒酣耳热之际神侃胡聊，聊到家庭关系时，我朋友及其妻突然做唉声叹气状。

他的事业算是朋友圈里相当不错的。脾气不错，人也开明，又无任何不良嗜好，平日里也是能不应酬就不应酬，在一众中年男子中算着家率较高的，辅导孩子学习的事也从不推脱。

他妻子则是职场强人，知书达理，亦是可厅堂可厨房的一把好手，与他有共同的追求，夫妻和睦。

孩子在名校就读，学习成绩中等偏上，正经算不错——总之从各方面看，他们家是相当优质的，我所能想到的有关中年危机的任何矛盾点，他们都不沾，应该全无叹气的道理才对。

"兄台何以叹气？"我举起酒杯，"你们家这样的，还有什么可叹气的？"我尽量压住八卦的嘴脸，做出一副人间指南之相。

哥们儿仰天长叹一声："别的倒没什么，就是我感觉我儿子嫌弃我。"

此言一出，他妻子也附和道："他也嫌弃我。"

我问他俩何出此言，他妻子说："我儿子跟我话越来越少，以前小时候妈妈、妈妈地叫，喊得可亲热了，现在基本上是没事不找我，找我就是'妈，我那个本儿你放哪儿了？'，要不然就是'妈，我今天穿哪身衣服？'，其他时候一概不怎么搭理我。我都从妈妈变成妈了。我说话他也不爱听，一脸嫌弃，根本不服。"

说到此处，情绪激动。

我看了一眼朋友："那你呢？爸爸变成爸？"

他摇头："那倒没有。"

我心说怪不得如此淡定，混得比妈妈还强点。

他喝了口酒，深沉地说："那天我下班早，提前回家，我儿子放学推门看见我说：'哟！'"

他仰脖一饮而尽，眼角带泪："我是'哟'。"

哟先生当时对我进行了各种夸赞，说我是一位深刻了解当代儿童心理的家长，我儿子跟我也很亲热——最起码还能拥有爸爸的名号，让我给分析分析是不是当代儿童成熟偏早，青春期叛逆提前出现。

"我怎么觉得咱们五六年级的时候爹妈还不至于变成臭狗屎呢？"他原话是这么说的。

这一困扰我不只听到他们俩说过，很多人都觉得跟自己孩子的关系在上了小学之后江河日下，每日的交流方式主要以互撇为主，看对方越看越讨厌，使得爹妈经常感到万分沮丧，甚至开始怀疑人生。

虽然当代儿童确实成熟较早，但这种相看两厌、互相不服的亲子关系的出现其实跟他们是否成熟没什么太大联系。

孩子在很小的时候，他只要去幼儿园没哭，会用勺子自己吃饭，擦屁股没弄一手，就足以让家长发出一声惊叹，抱起来亲几口是必须的，情绪激动时还要在朋友圈里发一条："我的宝宝，恭喜你迈出了人生的第一步！"简直

3 我爱你，没条件：
给孩子高质量的爱与陪伴

家族荣光。

但孩子一旦上了学，做人标准就陡然提高，尽管出口成章、学识暴涨，也很难再从自己爹妈嘴里听到好话。浑身上下都是可以提高的，一天到晚都是需要进步的，称呼也从"我宝宝"变成了"你儿子"。将心比心，没有人喜欢听别人数落自己。

哟先生的妻子说："我总不能不管他吧，哪个家长不辅导功课？我当然希望他越来越好了，而且我讲道理的时候，他也不服气啊！"

我："一个人不能总是靠讲道理树立地位，讲道理很虚的。"

哟妻："那不然嘞？"

我想是时候给这位妈妈讲讲真正的道理了，我微微一笑："现在这么大的孩子不简单，他们知道的东西大人都未必知道，我问你，'幸有微吟可相狎'，下一句是什么？"

哟妻："不须檀板共金樽。"

我："火车过桥、流水行船、环形跑道、钟面行程都知道是什么吗？"

哟妻："知道啊。"

我："现在孩子在学校的科学课都开始上编程了。"

哟妻："是啊，Scratch 嘛，我用得贼溜。"

我决定今后少跟这种人接触。

我只好变换战术："你说孩子小时候跟你亲，那个时候你陪他干吗？"

哟妻："玩啊。"

我："那现在呢？"

她没说话。

我继续趁热打铁："我儿子学习完全是我带，我之所以能带，就是我现在还能跟他疯玩。你要是能跟孩子玩起来，你就是家里的霸主。比如我，霸主爸爸那就是父王啊！"

事实上我儿子跟我撒娇时真这么叫过。

我为了证明自己所言非虚，把我儿子喊来说："儿子，你平时有玩相求的时候你喊我什么？"

我儿子想了想："爸爸啊。"

我提示："不是这个，你叫我什么来的，其中一个字是王？"

他："爸王？"

我："不是，你那是叫项羽，再想想！"

他："嗯……王爸？"

大家都喷了不少酒，真的很浪费。

我虽然抖了机灵，但有一个事实不容置疑：在一个家里，掌握娱乐者，得天下。

有没有陪孩子做一些没有"意义"的事，其实是家长能否顺利行使爹妈权力的关键。

我说这话绝不是胡扯。

即便用最朴素的价值观也可以得出一个结论：孩子并不需要家里再多个老师。如果回家看见父母仍旧觉得跟面对老师没什么区别——以我个人生活经历来看，大多数情况下妈妈会比老师唠叨得多（这骨节掐了）——那孩子估计不会怎么痛快。

如果换作我自己，每天下了班推开家门，我儿子坐于沙发之上问我："已经九月了啊，今年KPI完成得如何了？""上次我听你电话里跟你老总说的那个方案修改得怎么样了？"我可能就要扯掉自己的头发。

孩子不喜欢家长盯着学习，而家长必须要关注孩子学习，双方都没什么错，这个问题是不可调和的，但不可调和并非不能解决，要讲究点技巧。

家长懂得多固然很好，但懂得再多，孩子不爱听你说话也是白搭。

家长总是高估血缘关系在亲子相处之间的作用，把自己那点聪明才智、趣味幽默都用在了维护社会人身上，但其实亲子关系才是这一辈子最需要维护的。

　　这种关系有点像公司里的产品经理和开发人员,即便大家都是为了公司赚钱,但也依然会有很多想抽对方大嘴巴的瞬间。我所见过的产品经理无一不是异想天开,而开发人员却要保证这些异想天开的东西可以做出来,即便有上层协调,也很难保证双方不互相啐唾沫,所以这就是很多公司还要靠纸醉金迷胡吃海塞的团建活动改善各部门关系的原因。

　　亲子关系说白了也是一样,家长的话语权,来自孩子喜欢和愿意跟你交流。他喜欢你,绝不是因为你的脸一周七天都能坚持保持比较臭;他愿意交流,也绝对不是看上你只会数落他。

　　想要带孩子顺利、和平、血压稳定地做好一些枯燥的事,就要找时间一起做一些有意思的事情匹配。

　　说到这里,我必须为广大妈妈们叫屈。

　　我听过很多来自妈妈们的抱怨:自己呕心沥血、掏心掏肺也没落个好脸,当爹的带着孩子胡玩胡吃,一副不顾后果的样子,反倒被孩子爱得不行,人气贼高,说话还管用。

　　但事实是,大多数妈妈真的"不太爱玩",在很多孩子心里,在提高生活乐趣上,找妈没用。

　　妈妈们大多心灵手巧、任劳任怨、责任心巨强,考虑的东西也更细腻、更长远,但最大的问题就是她们不太会主动做一些"家庭团建"活动设计以及花心思做一个不被孩子嫌弃的家长,从而可以更顺利地让自己巨靠谱的育儿计划落地,她们往往主动把这个绝好的改善亲子关系的活动拱手让给爸爸们。

　　很多妈妈会说:我真的没时间,人生伴侣猪队友不考虑的那些问题,我难道也不管吗?我要想那么多事,哪有心情玩?

　　首先我得说,猪队友其实并没有那么多,这是很多所谓的育儿文章故意放大猪队友之猪性的造势行为。当代父亲的觉悟和责任感已迅速提高,他们是一个非常可以团结的群体，先入为主地建立"他屁用没有只会带着玩"的对立情绪，真的没必要，要学大家一起学，要玩大家一起玩。

我觉得妈妈们应该去找回自己。婚育之前谁还不是小公主？主动建立"我可没时间玩""我哪有精力闹"的意识，简直是给自己上了副枷锁。妈妈就是"唠叨的、细碎的、无趣的"这种简单粗暴的标签，就不要自己往自己脑门儿上贴了。

亲自计划，到外面来几个周末短途旅行，多让一些亲子时间耗费在路上，让孩子建立"放松时间也有妈"的意识。

休息日带孩子一起来一场疯狂KTV，既能了解孩子喜欢听什么、唱什么，也让孩子看看当年的小百灵不是靠吹，自己那张嘴除了细数语、数、英，还敢于展现五音不全，唱痛快了跳畅爽了，母慈子孝三天问题不大。

关注一下最近又上了什么大片儿，偷偷把影院最中间的位置买了，主动邀请孩子一起去看。当你掏出票的那一刻，孩子就知道了你不仅是挑辅导班的一把好手，当时你在孩子眼中身高至少两米八。

意识打开了，做法就有很多选择。

去除妈妈的刻板印象，人人有责。

我理解大家平时时间都很紧，比如我自己，说得这么热闹，平日也过不出花来，该上班的要上班，该上学的也不能上天，但到了周末就不要再拒绝自己了。

花一些时间和精力搞一搞家庭团建，学习娱乐两手抓，可盐可甜——相信我，亲手把娱乐问题搞定，你会发现周一到周五大家在进行严肃对话时会少废很多话，自己的话语权也会肉眼可见大幅度提高。

所谓得周末者，得人心。

做一个掌控周末的家长，做一个会玩的人，因为没有一个孩子会嫌弃有趣的人。

谨慎喝鸡汤，我来刮刮油

很多人问我，如何成为在孩子心里有分量的父母。他们觉得我在这方面貌似做得还不错，认为我有什么秘诀。

我必须得说，很多家长对于如何在孩子心里建立地位有一种错误的思维：形象越伟岸，地位越稳固。这一标准如果开公司带团队，恐怕还有点用，但是当爹妈就完全不能套用。什么总裁、主任、经理、总监，在孩子眼里统统都一样，什么琴棋书画、诗词歌赋，在孩子那里全都不重要。

我问过很多孩子，什么样的父母对他们来说是好父母。他们的回答各种各样，但标准几乎都不是大人认为的那一套。总之，就是好的父母得足够好玩。

很多父母放不下身段，结果就是不了解做什么能真正让孩子开心一笑。很多家长瞧不上的无聊的事，在孩子心里却是最棒的事。

如何不被孩子嫌弃？首先要不嫌弃孩子的世界。

打开孩子的视角：学会陪孩子做"无用"的事

一到儿童节总牵扯出一系列问题：谁来过？怎么过？我曾经写过一篇《六一成人作妖节》的文章，叙述了一下我小时候对儿童节的魔幻印象，显然我当年不太能在那个日子里感受到比较明显的快乐。

我们一直在过的这个国际儿童节起源是比较沉重的，本是为了悼念1942年6月10日的利迪策惨案和全世界所有在战争中死难的儿童，反对虐杀和毒害儿童，保障儿童权利，但时至今日，世界各地人民约定俗成地认定了儿童节应该由儿童来过——显然反战不应该是儿童操心的事，保障儿童权利的任务也肯定不是儿童自己的，那么，儿童节里孩子们就没必要苦大仇深，还是要过得开心快乐一点儿。而是否能达到这一目的，成年人的心思就很重要。

可惜，大多数家长并不太能把握什么能让孩子真正地快乐。我并不是抨击这一点，家长们也很可怜，因为我们有时连什么是自己真正的快乐都搞不清楚。

成年人大多缺乏对"没用"追求的勇气，在"有趣"方面更是极其匮乏。

去年春节的时候，我的俩孩子得了点压岁钱。当今孩子对金钱大多没概念，为提高他们的金钱意识，我决定带他俩去玩具商店，承诺他们在一定资金范围内，可自行选择一件至若干件玩具。

一个比我女儿稍小的小姑娘迷失在小马宝莉专区，抱抱紫悦、摸摸苹果嘉儿，做出"哪样都是心头好"的姿态无法选择，盘桓许久后，做出终于下定决心的样子，拿起了一盒有城堡场景的玩具抱在怀里，转身看向她妈妈。

她妈妈看了一眼那玩具说："好闺女，咱不买这个，咱们去那边看看！"说着指向另外一个区域。我看过去，那边展示台上摆着一些诸如立式算盘的拨弄着玩的所谓益智玩具。一个小女孩，在这个年纪，如果一门心思以拨拉算盘珠为乐，当真是天赋异禀的会计之王了。

果然，那小姑娘往那边一看，不答应，坚持要买手里的这盒玩具。她妈妈从她手里拿过那盒玩具，看了看说："这玩意儿有什么用啊？"然后放回架子上，嘴里哄着拉着哭唧唧的女儿走了。

在男孩玩具区和毛绒玩具区，我又看到有两位家长分别否决了一个男孩和一个女孩的选择，用的都是"这东西有什么用啊"的理由——我认为这几位父母心目中懂事的孩子应该仰起小脸说"爸爸妈妈，咱们走，回家你们给我报俩辅导班！学习使我快乐！"

"这玩意儿有什么用？"还是原来的配方，还是熟悉的味道。

我妈当年倒掉我一抽屉玩具的时候，跟我说的就是这话。

每一个时代的人都有那个时代烙印在血液里的某种匮乏感，这种匮乏感会随其一生。比如，我父母小时候那个年代，最大的问题是各种物资都不太丰富以及没有什么可读的书，总之是有用的东西不多，于是在他们成了家长后，一切在他们眼里应该能使我开心的事物就都应当是有用的——当然打扮得干干净净自然是很好的，读书本身也是我喜爱的，但这些事物对我们那个年代的孩子来说都太有用了，并不足以撑起我真正的快乐。

当年，我人生最大的意义是我奶奶家院里一墙角的木棍子，那是我在周边小公园里精心挑选的长枪短炮、冷热兵器，粗细不同、手感各异，每一件武器都能带领我杀向一个战场。它们是我心头至爱，我每礼拜去奶奶家都要把玩一番，有一根特别粗长的愣是被我玩出了包浆。我有时会沉默地举着一根棍子站在夕阳里，有时嘴里嘶吼着将它们挥舞在风中，或者抱着一根树枝盘腿坐于院子中间。我脑子里都是话，眼睛里都是画。然而我家里人不能理解，认为我涉嫌中邪，一进到这个院子就开始间歇性犯病，于是决定把这些垃圾清理掉。

这些树枝被清理的时候，我哭得撕心裂肺，如此歇斯底里，以至于他们在清理每一根时都撅折后再扔，以为我在里面藏了金条。最后得出结论，这些破玩意儿屁用没有。

没有人能理解我为什么对这些破烂情有独钟，我也并不打算给他们解释——事实上，我相信这件事是解释不清楚的，我最大的任务是再去捡一墙角棍子。

当然，我不是宣扬让现在的孩子满世界捡破烂儿就是快乐，我只是表达我是在那一刻认定了成年人的无趣，他们身边有用的东西太多，而没用的东西太少——"有用"作为人生理想还算说得过去，但作为衡量一切事物的准则并照此去生活，就有点枯燥了。

认为树枝里一定要有金条，那就太可怕了。

我以为是那个时代造就了这一代不那么有趣的成年人，然而在我成年后发现，我周围同龄人或更年轻的人中，有趣的人也不多。他们有太多理由保持一本正经和严肃认真，甚至在面对其他人的有趣时，还会以"不正经"或者"真有闲心"来评价。这导致当个有趣的人是一件很艰辛的事。

很多人认为有趣和有用是不可共存的，比如一个人总是一副嘻嘻哈哈的样子，那么就难成大事。我不知道这种推断是如何深入人心的，总之"正经"已过于饱和，于是我的人生准则里就只好格外重视一些别的东西。如果非要在"有趣"和"有用"中做出选择——虽然两者大多数时候并不矛盾——我会毫不犹豫地选择前者，去做一个有趣的人。

3 我爱你，没条件：
　　给孩子高质量的爱与陪伴

我很同意儿童节应该由孩子自己来过，然而我同时认为，成年人更需要过这个节，借这个机会好好去重温一次追求"没用"的感觉。我强烈建议成年人在这一天把情智双商降低一些，最好不要高于十岁，并且尽量去做一些没用的事情，感受一下这个节日带给你的好。倘若打算跟孩子一起度过儿童节，就更需要注意，避免在这一天死乞白赖找意义给孩子们添堵。

找一些自己小时候爱吃的零食跟孩子一起分享，跟孩子一起看一下自己小时候看过的走过心的动画片，跟孩子疯一疯，都是很好的——我打算给我儿子讲讲我在九岁时是怎么闭着眼睛深情款款地唱郭富城的"蓝色是你眼中的爱情"并被我爸抽了一顿的故事——送礼物也是好的，但如果不知道送什么，千万别送书。书这种宝贝，要在平时多买形成阅读习惯，千万不要成为孩子某个特殊日子的礼物。

"须知参差多态，乃是幸福本源。"

没用相对于有用似乎确实是没用的，然而有用相对于没用，也同样是没用的——绕明白这句话，对于保持好心态很有帮助。

我相信在很多人童年之时，有一些"没用"的东西是很重要的，然而在成年后，我们就主动或者被动地将它们抛弃了，用某一种惯用标准去刻画自己的生活轨迹，并开始影响自己的孩子和别人的孩子。成年人害怕自己和孩子们浪费时间，认为人们都应当去竭尽所能抓紧时间做一些有用的事，然而这个时代却一再证明，任何没用但有趣的事，都随时可能形成某种巨大的推力影响世界。

我在十六岁时成为王小波的粉丝，发现世界上还有人能把话说得这么有趣。他写过一段话我记得相当清楚，借儿童节与诸君分享：

> 我常听人说：这世界上哪有那么多有趣的事情。人对现实世界有这种评价、这种感慨，恐怕不能说是错误的。问题就在于应该做

点什么。这句感慨是个四通八达的路口，所有人都到达过这个地方，然后在此分手。有些人去开创有趣的事业，有些人去开创无趣的事业。前者以为，有趣的事不多，我们才要做有趣的事。后者经过这一番感慨，就自以为知道了天命，此后板起脸来对别人进行说教。

我的意思是，做一些没有意义的事，有时候是很有意思的。

谨慎喝鸡汤，我来刮刮油

家长很容易用成人的视角判断孩子的行为和目标，以这种视角，就无法理解孩子很多行为的动机。成人世界中的各种实用性功能，在儿童价值体系中完全不适用。所以家长在与孩子对话或者确定应该陪孩子做什么的时候，就需要进行视角变化，否则很有可能发展成互相不理解的关系。

孩子的目的比较纯粹，追求纯粹的快乐和纯粹的有趣，如果家长对这一目的加入成年人的价值判断，就很容易跑偏。我经常在玩具商场里听到父母们否定孩子的选择，说他要买的玩具"没意思""没有用""不能学到东西"等，我只能说，很遗憾，成年人已经无趣到对玩具这一首先要"好玩"的物品有了"有用"的要求。

家长们会在孩子面前塑造各种形象，但唯独成为一个有趣的人不在计划中。学会理解孩子和陪他们做一些"无聊""无用""无意义"的事，展现出一些有趣的特质，是最受孩子喜爱的了。

父亲的存在感需要用心来刷

每一位父亲都很想知道自己在孩子心里到底是什么形象,像我这么酷爱八卦的中年人就更好奇,也因此会对自己的言行有反思和补救,以求自我拨乱反正。

我儿子两三岁第一个叛逆期时,我跟他严厉过几回,表情也凶,声调也高,完事了又觉得有点儿过分,于是第二天糖啊、玩具啊就端回家,以示补偿。有一回,他因为把饭扔了一桌子而遭到我严厉的打击。晚上,我听见我爱人在睡前教育他:

"你这么浪费饭菜对吗?"

"不对。"

看来我生气还是有点效果的,唉,刚才态度有点严厉,毕竟孩子还小,我心里又泛起些许怜惜,我的耐心还是需要修炼啊。

"那你还浪费不浪费了?"我爱人继续问。

孩子,知错就改还是好孩子。

"还浪费!"我儿子回答得嘎嘣脆,"我爸会给买吃的。"

你以为你是孩子的良师益友,其实只是孩子的提款机。

了解我的人都知道，我这人对当代直男大范围不修边幅的邋遢、以做家务为耻这些恶习相当抵触，于是很早就决定从自我做起，立志做一个绝不凑合的人，这对其他人是基本礼貌，对家庭是起码的生活态度。

我总说每一个孩子都是父母的照妖镜，从那镜中看到的是神还是魔，大多是自己的映射。所以，我希望我在我儿子心中成为一个干净整齐、乐于参与家庭建设的爸爸——做父亲的此时不以身作则更待何时？我的一番行为果然取得了成效。

因为我在某一天发现了这么一张纸：

先不去分析我为什么长得酷似一只大王八，也不去探讨我在挂着袜子的绳子上小心翼翼，活像个偷袜子的贼，我们只看文字，显然，我并没有成为一个精致的父亲，而被认定是个灵活的胖子——这也罢了，起码我看到"很棒"是个超好的评价。正当我要开心时，忽然看见有俩字旁边用很浅的笔写了个拼音。

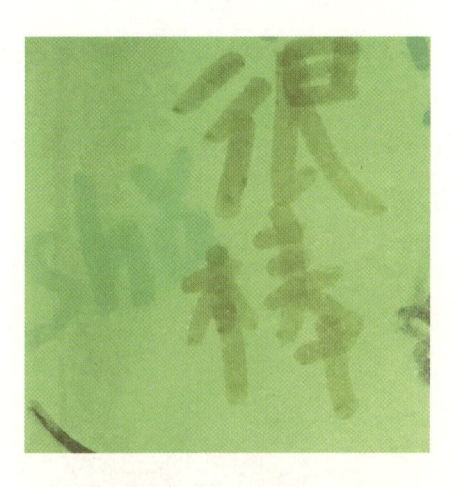

3 **我爱你，没条件：**
给孩子高质量的爱与陪伴

后来经过努力，我把它理解为傻棒傻棒的，心里舒服多了。

一年多前，我带儿子参加一个篮球比赛，因为他当时头发比较长，所以我打了点发蜡在他头上。一个教练看到他说："你的头发怎么这样？你看看别人，老爷们儿不留这种头发啊！"我环视四周，男孩子果然是一水儿寸头。孩子们听到这话，也开始聚众摸起我儿子的头发并以此开起玩笑，这让他很尴尬，我则很难过。于是，从那时候起我开始留头发，最长时几近披肩，直到脖颈子起了痱子。

我一直对外说蓄发是我中年危机前的最后一搏，但实际我是想带给我儿子一些信息。

首先，一个人"爷们儿"与否是不能靠发型来判断的。你可以说男人要追求勇敢、善良、正义，有爱心、有同理心、有担当——实际上现在很多男人往往做得不如女性——然而可惜的是，一些浅薄的标准却横行于世，正因为这些浅薄的"爷们儿"标准，不少当代直男才成了现在这个油腻的样子。

其次，没有人可以定义你应该或不应该如何。你做出的选择，要源自自己的内心。每个人有不同的判断，你如果都要听，那么势必走上父子抬驴的老路。

还有，并不是很多人做的事情就一定是正确的和适合自己的，要坚持自己的原则。

我的苦心果然取得了成效，因为我在某一天又发现了这么一张纸：

抛开错别字和这么大还用拼音的问题，我敢肯定我这段时间的努力，确确实实被他看到了，那满足的笑容，那幸福的眼神，那随风飞舞的几根头发，无一不将我内心的狂野表现得淋漓尽致。

你一定很爱我吧，儿子

谨慎喝鸡汤，我来刮刮油

我们一贯认为，父亲就应该带有一种尊严，在各路文学文艺作品里都试图把父亲塑造成一家之主的形象——长兄一旦成了"父"，也带上了一层权威。鉴于这种影响过于绵长，很多父亲不由自主地把自己架起来，说话做事总是过于严肃，甚至带着领导的味道，认为一言九鼎的样子很有存在感。

然而现实是，父亲并不是孩子的领导，时刻端着架子激发出的恐惧、疏离、排斥感要远大于存在感。我在跟很多读者——这些朋友各个年龄段的都有——聊天时发现，他们对于父亲最深刻的印象几乎都来源于父亲"非权威"的那些时刻。温暖的、平等的、可笑的，甚至是搞怪的时刻，都是他们在谈起父亲的好时最容易想到的。

所以，我一直坚信，能把自己的"父亲身段"放下来的人，才会成为孩子最喜欢的爸爸。

即使翻车，也不能缺失的父爱

我带儿子出去疯，追球的时候他摔倒了，摔破了胳膊肘。

第二天去我爸那儿吃饭，他看见他孙子胳膊肘上有伤，批评我："你们现在这岁数的人，真不像当爹妈的，带孩子怎么那么粗糙呢？就不能精心点吗？"

我说："男孩子好动，磕磕碰碰难免，小男孩谁不是一身伤？"

我爸："他自己出去摔了也就罢了，跟你出去摔了，你能说你没责任吗？还是得经点心！孩子摊上你够受罪的。"

我说："家长管太多不好，下次他就摔不着了。不经历风雨，怎么见彩虹？小风雨也是风雨，小彩虹也是彩虹啊。"

我爸："你小时候我怎么没让你见天儿地经历小风雨呢？"

我本来还想象征性地再抗议上几个回合，听到这话后，我只有沉默，陷入了深深的沉思。

我六岁，或者是不到六岁。

那是一个寒冬，忘了是不是数了九，天寒地冻。

那个礼拜日我妈值班，我爸懒得做饭，带我去我奶奶家蹭饭，下午我妈下班直接过来会合。

吃完午饭，我爸开恩说："我带你去日坛公园玩吧！"

那年头，冬天的日坛公园连狗都不去。我不想去，但是我爸拉着我走了。

果然整个公园都没什么人。

日坛公园中间原来有个小人工湖，严格地说是个池子。湖面没有完全冻上，只是微微结了一层薄冰。我蹲在湖边用树枝子够冰片儿。玩了一会儿，有点起风，我爸就催我回去。

我本来是不想来的，他偏要带我来，现在我玩得正是带劲的时候，又要我走，我哪会痛快答应。

他催了两次无果，就威胁我说："你不走，我自己走了，一会儿你自己回家啊！"

我用树枝子拍打着冰面，没抬头。于是他就真的转身走了。

我丝毫没有害怕，我知道他当然只是吓唬我，他躲到了远处的一棵树后，露了一下头，我看见他了。

我继续够着冰。

离我稍远的湖面上有一片冰，格外美好、格外晶莹，我好喜欢，我要得到它。于是我为了得到它，一努力栽到了湖里。

我在掉到湖里的一刹那，脑子很清晰，特意高喊了一声"啊"代表救命。掉到湖里的瞬间，我转了个身，为的是能抓住湖岸。这是本能。

我们小时候，人人过冬全靠一身硬货：最外是一身棉衣棉裤，棉衣棉裤里有毛衣毛裤，毛衣毛裤里是秋衣秋裤，大人孩子离远了看都是一个球儿。

刚掉到湖里，因为有冰，我没有马上沉下去，露了半个身子。但身上里三层外三层的硬货开始迅速吸水，我自身负重极大增加。

我用手抠着湖边的山石，以便不漂到湖中间，同时双脚急速地乱蹬池壁，企图通过高频率的蹬踹实现飞檐走壁的效果。

但是我当时穿的棉鞋的鞋底子是塑料的，很滑。在陆地上遇到冰的时候，这鞋底能带我滑上老远，这是很大的乐趣，然而当时，却成了阻挠我飞檐走壁的最大障碍之一。

我并没有来得及害怕或者慌乱，不断地急速乱蹬，上来一点儿，然后又迅速沉下去。终于我体力不支，再也支撑不住了，我无能为力地让自己下沉。此时，巨大的恐惧将我吞噬，但我浑身已没有力气，毫无办法，只能任由自己沉下去，沉下去，沉下去，水没过了我的脖子……

然后我的脚就碰到了湖底的地。

我踏实地站在了湖里。

冬天，寒风里，一个孩子，静静地站在冰水混合物里，只露着头，等待体力的恢复，这从哪儿看都是武侠小说里马上要混出来的主角啊。

我不忘初心，在水里还走了两步把那片冰拿在手里，扔到了岸上。我为我自己感到自豪。我太冷静了。

大约一分钟后，我觉得我恢复了体力，开始尝试上岸——这次并没有采取急速乱蹬的方式，而是一步一个脚印慢慢地爬了上去。

整个过程持续了三到五分钟。当我哆哆嗦嗦地走到我爸藏身的那棵树后，他背着身儿正在抽烟。回家的路上，我俩谁也没有说话。

我的棉衣棉裤在寒风的吹拂下，结冰了，很硬，像穿上了一身盔甲，因为我的膝盖很难转弯，每迈一步都异常艰难，并且有着冰碴折断的声音。我的袖口和裤腿挂着冰溜子，我的脸上挂着大鼻涕。

走到我奶奶家住的那条胡同口，我爸用手拦住我。

"回家不要告诉你奶奶，还有你妈。"

我低头看了看我当时的样子，用现代的事物来形容，俨然是一关节生锈的钢铁侠：架着胳膊，双腿笔直，腰板坚挺，威武雄壮。

我吸了一下鼻涕："爸，我这样，瞒不住吧。"

我七岁。

3 我爱你，没条件：
给孩子高质量的爱与陪伴

我爸工作调动，从东城调到西城。家先搬了，学还没转。

早上起来，我爸骑着他那辆"二八"自行车，我坐在前横梁上，从王府井经东华门，穿东皇城根儿沿护城河一路往西，最终到达位于西城灵境胡同的小学。每天如此。

有一天，我爸带我骑到皇城根儿，停了下来。

他抬手看了看表，跟我说："我得先上个厕所。"

我已经习惯了。

这间公厕是一个标志性建筑，我爸经常骑到这儿，自然就开始召唤他。他生物钟的闹铃经常被这间公厕触发。

时间久了，我有时候也会被触发。那天，我也被触发了。

"爸，那我也上一趟。"

我爸点了点头，锁上了车。我俩走了进去。

这间公厕在20世纪80年代来讲条件算好的，不是大开间，而是每个蹲位被水泥板隔开，保证了私密性。这区别就像小旅馆的大通铺和小单间一样，有着天壤之别。

我在上厕所这事上特别执着，爱好安静的我，最喜欢这样的厕所。于是我走到最里面蹲了下去。

我听到我爸在隔壁蹲下，点了一根烟。

过了一会儿，我听到隔壁我爸擦拭的声音，然后他提上裤子走了出去。

我感觉还没有完成，但为了不让我爸在外面等太长时间，也开始了收尾工作。

此时，我听到了一个熟悉而清脆的声音。那是我爸那辆自行车开锁弹开时的"咔嗒"声。

果然我爸等不及已经开锁了，我赶紧擦了起来。

而后是几乎没有任何停顿的，踢车支架声、车链子滚动声、蹬几步的上车声、车胎碾压砂石声，一气呵成，连贯地传入了我的耳朵。然后就没声了。

我感到不对劲，提上裤子跑了出去。

我爸和我爸的自行车都不见了。

然后我果断地追了起来。

在护城河边，一个帅气的男孩，像野狗一样，追着一辆骑得嗖嗖嗖的自行车，高喊着"爸你等会儿我！"。这场景，周围群众一定以为是催人泪下的电影《妈妈再爱我一回》的姐妹篇《爸爸求你等等我》正在拍摄吧。

我追上他，用手拉住后车架子，他车一歪停下来，转身做出要打人的架势。一看是我，小声说了声："哟！"

到了学校门口，我走进去，我爸叫住我说："回家别告诉你妈。"

我八岁。

三年级的时候，因为一些特殊事件，我们学校放假两周。

其实那时我已经很大了，可以自己在家待着了。但因为那个特殊时期，我爸怕我自己在家待不住，出去乱跑危险，于是就带着我上班。

我那一年个头长得很快，已经不能坐在他自行车的横梁上了，跟他出去都是跨着坐在他的后车架子上。后架子的坐感比横梁好一些，舒服而安稳。

我爸单位离家很近，骑车大约十五分钟就到了。

那是一个初夏，天气还不热，阳光很好。我坐在后座上左顾右盼，他骑着车，哼着京剧。两人心情都还不错。

那时候大街上没什么闲人，车也少，他很快就骑到了单位门口。看架势我爸减速准备停车，我正想着今天会跟他单位哪位同事的孩子碰上，计划着今天的活动。

然后我爸一个漂亮的回旋踢，右脚后跟儿精准地踹在我的右脸颊上，一脚把我从后架子上踹了下去。

我没有一点点防备，也没有一丝顾虑，大头朝下折倒在了我爸单位的牌子下。虔诚而严肃。

把我踹下去的瞬间，我爸头都没回冒出一句："忘了带着你呢！"赶紧下了车回来看我。

我正坐在地上发蒙，胳膊肘流着血。

我哭丧着说："爸，我还不如在家待着呢！"

我爸说："这不是怕你在家待着不安全吗？来，擦擦血。"他递给我一张手纸。

"……"

我用手纸按着胳膊肘，我爸："疼不疼？"

我勇敢地摇了摇头。

"那你晚上回家别跟你妈说啊。"

八岁以后，我就很少跟他出去了，到哪儿都是自己去，他主动要求我也会婉拒，惜命的孩子早当家。

其实我爸不知道，我更小没有记事儿的时候发生的那些他嘱咐我妈"以后别告诉儿子"的事，我妈都告诉我了。步步惊心。

"听见没有，以后带孩子经点心，万一摔坏了，孩子多受罪，一天到晚毛毛躁躁，没个当爹的样儿！"

我被我爸的责怪声拉了回来。

我点着头，嘴里应承着，心里想着："男人何苦为难男人。"

成长不易，且行且珍惜。

谨慎喝鸡汤，我来刮刮油

爸爸带孩子在很多人的印象里都呈现出一种翻车的状态。在这篇文章发出来后，收获的几千条留言里有各种"惊心动魄"和"不堪回首"，很多孩子都表示，被自己爸爸不小心养育出了过人的体魄和坚强的人格。

爸爸带孩子的状态跟男性本身特点有关，但即便是屡屡翻车的父爱，在家庭中也不可或缺。比如，父亲相对于母亲会更多地带孩子去玩一些冒险的游戏，这对孩子的身体和性格的养成具有良好的作用。国内外对父亲积极参与家庭教育的研究发现，有父亲参与教育的孩子阅读和数学成绩比那些没有父亲在身边的更好，并且智力也更高。

但即使到现在，仍旧有一些父亲并不太注重家庭教育中的地位和作用，潜意识中还有男主外女主内的想法，认为父亲在育儿中只需要提供"框架性支持"就好，对具体教育则参与度不够。父亲以一个成年男性的形象出现在孩子面前，对于男孩来说，是他的第一个模仿对象，而对于女孩来说，则影响到她对男性形象最初的定位。父亲所表现出的对待家庭、配偶、孩子的态度，会对孩子产生深刻影响。

所以，即便是翻车的父爱，也一定不要缺席。

父母是孩子最好的玩具

　　我女儿降生那一刻，我整个人的使命感瞬间就提升了。主要是我认为当代女性生存现状尚有很大提升空间，而许多男性的意识及社会环境的友好程度却远远跟不上，作为一个有女儿的父亲，我必须有一定的觉悟，更重要的是具有一定的拨乱反正的意识——说白了，一个父亲，要成为女儿的坚强后盾。

　　随着女儿长大，这种使命感与日俱增——使命感本身没有什么变化，但方向有点跑偏。

　　我坚定地认为，在精神层面上，爸爸就应该是一个超级英雄，充满尊严地、骄傲地，甚至有点倔强地在我女儿成长的道路上无惧任何压力，一路披荆斩棘地护送她到不需要我的那一天，功成身退，挥一挥衣袖，不带走一片云彩。我每次想到自己那时候挺直腰板的样子，就激动得要落泪呢。

　　然而，她还没有上幼儿园的时候，我的腰板就坏掉了，因为她有一阵子酷爱骑马，经常要求我趴在地上给她当坐骑。她还给我起了个名字叫小马赤兔，分别来自于两部她比较喜欢的文艺作品，既可爱又充满神骏气质。

　　那段时间，客厅里、卧室中、书房前，都有我跪在地上向前爬行的矍铄身影。我女儿主要负责骑在我身上薅着我的脖领子——情绪比较激昂时就直接薅住骏（我）马（的）鬃（头）毛（发），英武无比地高喊着"驾！"，穆桂英挂帅一样威风，我则在她的指令下先仰一下脖子，发出"嗯儿哼儿哼儿哼儿哼儿"的嘶鸣声，继而撒开四蹄向前飞奔——同时发出声响的，还有我那跟地板猛烈撞击的膝盖。

但膝盖的青紫还是可以忍受的，关键问题是，她让马停下来的方法，我（鼻子）有点受不了。

这不是小马赤兔，这是小猪八戒

这仅仅是一个例子，诸如此类的游戏还有很多，多到足以让我深刻地感受到：做爸爸，最重要的是不要太高看自己。

之前去日本一家海洋馆玩，我女儿在门口卖纪念品的区域看上了一盒小印章，图案是各种各样的小鱼，她想买回去，但我爱人拒绝了，理由是这个东西没有什么用处。我看到我女儿眼里闪过一丝失望，突然间父爱爆棚。

我拿起那盒小印章说："买吧，既然孩子喜欢。纪念品也谈不上什么用处不用处的，主要是个回忆，再说，谁能担保一定没有别的用处呢？"

3 我爱你，没条件：
给孩子高质量的爱与陪伴

我说的话是很实在的，大家都是给孩子做过小报的人，家里会常备一些装饰工具，不然就都要自己画，自己上学时没干的，现在都补上了。我爱人听了也不好再说什么，于是就买下来了。

所谓爸爸，就是要讲着道理把事办成。睿智。

回来之后的某一天下午，我躺在沙发上看了会儿书，因为前一天闹胃病，我没吃晚饭，晚上也没睡好，感觉身体被掏空了，还有点发烧，没过一会儿就昏昏沉沉睡过去了。这一觉我睡得很沉，还做了一些零零星星的梦。醒来之后发现我女儿站在我身边，看着我笑。她笑得很灿烂。

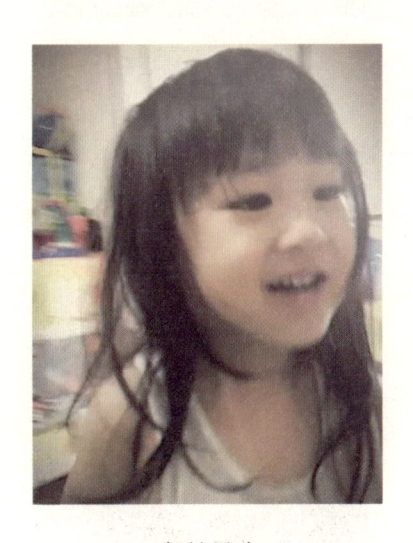

好灿烂哦

我想她一定是盼着爸爸早点醒来陪她玩，但又看到爸爸在生病很难受，舍不得叫醒我，这种纠结的心情，在我睁开眼的一刹那突然就释放了，于是她开心起来。我这么解读着她的笑容，内心充满柔软的棉花糖。我拿起手机，记录下了这珍贵的亲子互动时刻。

她看见我拍她，笑得越发开心。

你可实在是灿烂哦

孩子的快乐真是既简单又单纯。我心里有点愧疚,天气那么好,我却因为胃疼没有带他们出去玩,下次一定不能乱吃乱喝了。正在自我反省时,我发现她乐成了这样。

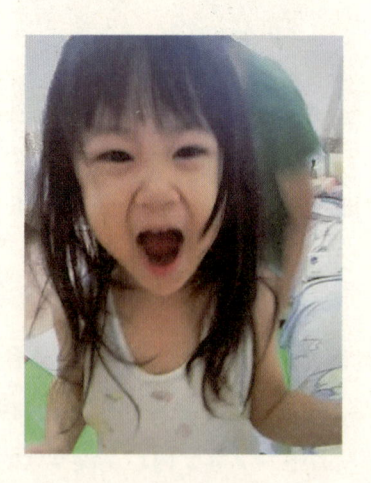

咦,你会不会有点灿烂过头了

这种血盆大口似乎有些超出预期。我不就睡了一个小时吗？也不用乐成这样吧，我心中隐隐感觉有点不对……

然后我站起身来想抱抱她，于是我看见了我的胳膊，从手背到大臂，布满青绿色的瘀血，根本不是闹胃病，而像是中了什么了不起的毒。我必须实话实说，中年人是有那么一点儿惜命的，在那一刻本爸爸差点儿被吓死，待到定睛一看，那些青绿色块状物是各种各样的小鱼……

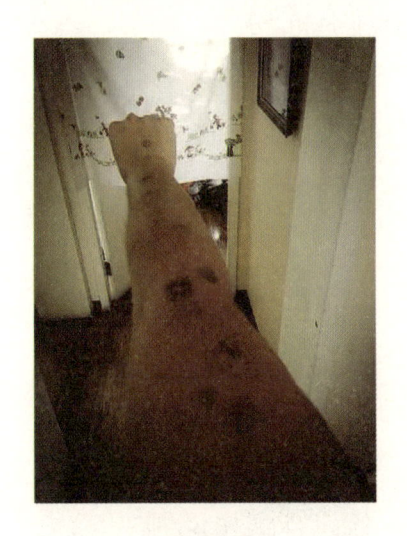

这是中毒了吧

我正要质问她，她却发出非常霸气的笑声飞快地跑走了。我感觉事情没有这么简单，去照了下镜子，发现我脸上也被盖上了戳儿。

这样的造型，除了古代押解的犯人和现代肉联厂的合格猪，基本上是绝版了。岳飞被老母刺字，精忠报国；我被闺女盖戳，全程冷链。

我爱人走过来操着本山的语气押着韵恭喜我："还是你有前瞻性，知道这东西早晚有用，以身试用，被你说中。"

头两年我儿子班级在一个读书俱乐部组织妈妈阅读会，既然是妈妈阅读，作为爸爸自然不能参与，于是我带着我女儿到低幼绘本区域看书。那个阅读区里都是妈妈在陪着孩子。

坦率地讲，看到那个场景我心里挺自豪的，这么多家长里只有我一个爸爸，一种老父亲的使命感涌上心头。我认为一个父亲就应该能文能武，武可化身成赤兔，文能变声读绘本，可以陪孩子疯，也可以陪孩子静，这才是称职的爸爸。于是我在一众母亲中郑重地跟我女儿说："去吧，挑一本，随便挑，爸爸给你读。"她说了一句"大声点读"，就美滋滋地跑了。过了一会儿，她拿回来这么一本书：

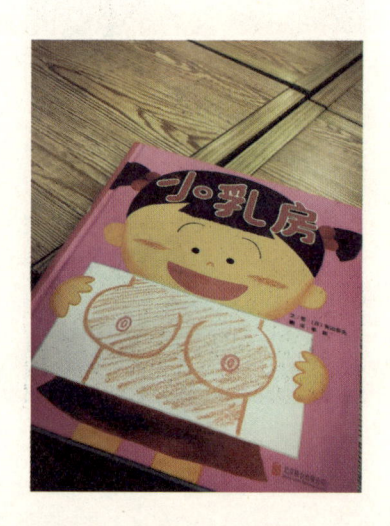

我大致翻了一下，说实话这本绘本内容很好，但问题是在公共场所读起来有点不好意思。

我只好低声下气地跟她商量能不能换一本，但她很坚持，认为我答应了她随便挑就不能说话不算数，眼圈也开始红了。

我骑虎难下，只好小声读起来，结果又被她抗议声音太小。我看了看周围的妈妈们，又看了看我女儿，心说我今天豁出去了，硬着头皮大声念起来。

你们可以想象一下那个场景，一个中年男子，声情并茂地喊出"哇！乳房可真了不起！"时是什么样子，周围气氛很凝重，妈妈们都停下来看我。

我爱你，没条件：
给孩子高质量的爱与陪伴

"我也想有妈妈那样的乳房！"

我在一桌子母女围观中大声地用小女孩的口吻，充满童稚地读完了这本绘本，展现了一个男子对乳房无比的热爱。现在，至少有三十多个人知道我的爱好了。

在此后的复读机生涯里，除了复读内容我无法控制，复读方式也更加多样，载歌载舞也时有发生——混了这么多年，我终于混成了点读笔，闺女点到哪里读哪里，妈妈再也不用担心我的脸皮。

我曾经多次表达过某些亲子互动对我造成的精神上的伤害。

人不人鬼不鬼的日子

那种生活难以回首，扎个小辫儿，套个奇怪的东（秋）西（裤）在头上 cosplay 角色也就罢了，这种跟坐月子一样的造型让我无地自容。更加惨无人道的是她为了避免我抗议，还用贴纸封过我的嘴。

当然我承认，很多东西都是我一时手欠，以"搞不好什么时候就有用"的理由亲手为她购买的，但我仍旧还是值得可怜的人吧，谁能想到这些东西的用处就是用在我身上的呢？

前两天我下班刚进门，我女儿巨热情洋溢地朝我飞奔过来，一副"哇，爸爸回来了！"的激动样子，我一把把她抱起来回应。

"爸爸，咱们一起玩吧！"

"好啊闺女，玩什么呢？"

"爸爸，涂这个！"

她在空中掏出两瓶指甲油。这是我在日本顺手买的，我当时喝多了，认为女孩子爱美是天性，坚持买了下来。

"不涂！"我斩钉截铁。

"为什么？"

"因为这不叫一起玩，这叫你玩我。"

我爱人走过来说："涂就涂呗，等她睡了，拿洗甲水洗了就成了。"

我只好答应。

几个月前，我在那个商店里死皮赖脸地把这两瓶指甲油攥在手里奔跑着去结账的时候绝对没有想到，有一天我女儿会用刷墙的手法把它们刷在我手上，她边刷边唱："我是一个粉刷匠，粉刷本领强……"一副不务正业的样子。这首歌唱完，我每个指甲都被刷了三遍，下刷子的角度和指甲油的薄厚都相当随意，又结合了草书的风格，有一些地方根本没有刷到，有些地方则堆起了包。

所以我的指甲最终变成了这个样子：

3 **我爱你，没条件：**
给孩子高质量的爱与陪伴

看这刷墙一般的手法

这是我人生中的第一次，有很多心得。

第一，涂完这玩意儿指甲非常憋屈，很不舒服，闷闷的不透气，双手总会自动摆出张开的姿态，跟个牛蛙一样。

第二，手不好看、手纹较多的，千万不要涂，比如我，涂完后有一种跳大神从业者的感觉，气质非常封建迷信。

…………

总结完这些心得后，我跟我爱人说："把洗甲水给我，我给洗了。"

她走进里屋，安静了很久，突然又响起噼里啪啦的翻东西声，我敏感的内心又向我提出了警报：此事不妙！

果然，我爱人走出来说："我对不起你，家里没有洗甲水了。"

一个成年人，说话怎么能这么不负责任呢？！

我赶紧用手去抠。但是，真的，我女儿刷的这种厚度，根本抠不动。

"要不你明天上办公室问问女同事？"

我当晚是含着泪睡下的。

第二天在地铁里，我尽量将双手揣在兜里，以免引发公共安全的焦虑，但我还是在掏手机的时候暴露了。我身边一位女士一直在瞥我那精神分裂气质的手，整个人很紧张的样子，每次被我发现，她都赶紧把头扭过去。突然一个急刹车，她噔噔噔冲了三步撞到我身上。

我可以用电影里的慢动作还原那个过程：她每向我冲一步眼睛都瞪得更大一些，眼神更加恐惧，然后在触碰到我的那一刻像过电一样跳着弹了回去。迈过来的三步，她一下就跳了回去，仿佛我身上有毒。

好吧，我有毒。

到了办公室我就赶紧寻求帮助，这种用具一般不被男人借用，我只好出示证明，被嘲笑了一圈后，我终于借到了洗甲水。我想我在洗甲的时候，一定像一个十年没洗过澡的人清洗自己的身体一样，充满屈辱。

我清楚地认识到了作为一个爸爸的基本职业操守：爸爸什么的，就是个玩意儿。

一个玩意儿，还要什么自行车。

谨慎喝鸡汤，我来刮刮油

自从当了家长之后，我就面临一个新挑战，那就是陪孩子玩什么，进而是思考怎么玩。然而孩子长大后我才知道，完全不用担心孩子没主意不会玩，他们在玩游戏方面都是专家。

他们所秉持的理念就是纯粹的开心，比成年人给他们的设计要单纯得多。所以你会发现很多你认为还不错的玩具，买回家去孩子玩起来却兴趣寥寥。

成为父亲后才知道，我们才是孩子在某一个年龄段中最好的"玩具"，让他们充分达到他们所能触及的最大的快乐，都是最好的游戏。孩子的主意源源不断，你所需要做的就是配合。

相信我，在这一过程中，你也可以获得不少乐趣，从中寻找到成年后久违的快乐。

演戏：亲子关系升温利器

我一直有一个演员梦

这个梦想我从来没有跟别人提过，我选择深深地埋藏在心里。这个梦想的产生是因为我认为自己有一定从业基础。我小时候长得浓眉大眼、一脸正气，王二小一样机智勇敢——但这不重要，最关键的是我业务好，演起戏来起范儿迅速，记台词特别快。我曾经作为群众演员参加过中国顶级儿童话剧殿堂——中国儿童剧院某话剧的演出，画得跟个花瓜一样在台上摇头晃脑、拍手舞蹈，演绎八九点钟的太阳们。

我不是吹牛，我这种天赋是得到过认可的。上高中时，有一次班主任为了让我们更好地理解课文，组织我们表演话剧《茶馆》中的一段，剧情人物有限，同学们不可能都上，大家认为我有这方面的天赋，不但主动推荐我上，且用心根据我的个人气质特意给我安排了一个重要的人物。演出完毕后，大家都说我简直把吴祥子这个臭流氓演活了。

我曾经认真考虑过报考影视艺术院校表演专业，但后来因为还是想靠（长）脑（得）吃（寒）饭（碜），最终放弃了。在我此后的人生中，也会对一些演员的表演评头论足，这段戏过了，那段戏张力不足；也会对一些真正有演技的演员大加羡慕，羡慕完毕，总有一股空虚感，深深遗憾自己未受过系统表演教育而不能发挥自我优势。

直到我当了爹。

首先,作为一个合格的家长,让演什么就演什么,不质疑不反驳,能屈能伸,是最起码的觉悟。

拿我自己来说,有一次我女儿希望我给她讲《黑猫警长》一只耳专辑,要我把一只耳做出的所有坏事进行集结,并要求我把一只耳的奸诈、狡猾、猥琐、惹人厌恶演绎得惟妙惟肖。我有充分证据证明我表演得淋漓尽致了,因为表演完毕,我女儿从床上迅速向我爬来,一副满意的样子。看到她这种主动示好的表现,作为父亲的我可以说内心非常自豪了,赶紧配合她凑上去接受她的报(亲)酬(吻)。我女儿爬到跟前,我噘起嘴迎接她的脸蛋,只见她一个鹞子翻身,用脚后跟踹到我嘴上说:"出去!不许碰我的床!"

比起这种性格鲜明且角色比较熟悉的表演来说,有一些表演极具挑战性。比如,我女儿曾经让我表演一只睡在摇篮里的猪。

这个角色离我的生活还是比较远的,但我并未知难而退,而是努力体会一只猪如果瘫在摇篮里应该是什么样,然后做出了自己理解下的演绎。我女儿对我的演绎表现出差强人意的态度,这让我十分欣慰,认为自己可塑性还是比较强的。我希望她谈一谈具体哪一点让她觉得还不错,她诚恳地说:"演得虽然不太像,脸和身子还是比较像的。"

其次,面对孩子的需求,家长们要勇于散德行,哪里需要散哪里,妈妈再也不用担心我的脸皮。甭提要不要脸的,当不当人都不重要了——这是演员的基本修养。

在过家家的时候,我会比较忙一些,因为大多数时候,我混不到这个家里只需要混吃等死踏实上下班的男主人的角色。有时候,我是她雇用的厨子,左手锅右手铲烹饪各式菜品,大夏天得戴一顶白帽子焐一脑袋白毛汗;有时候,我是去菜市场买菜的老太太,为一两分钱据理力争;但这些都不算什么,扮演嗷嗷哭泣、蹬腿摇手、脖领子箍着我女儿三岁以前使用的围嘴、满床翻滚要奶喝的小婴儿是比较令我为难的，我实在忍不了时会跟她说："爸爸这一脸胡子拉碴的真不像个小婴儿，一点儿也不可爱啊！"我女儿很大度地把奶瓶子杵我嘴里说："没事，我不嫌弃你，哭吧。"

给孩子表演奥特曼是我的日常工作。以我个人的业务标准来看，能以报菜名的方式列举出奥特曼们的名字，在当代家长中已不算突出，倘若不能以正确的语气在正确的身段下对应说出某位奥特曼的几段口头语，那就不能算是出色的当代家长。

比如，在表演赛罗奥特曼时，要比较猖狂地挺胸抱怀，仰着下巴以轻蔑的姿态和语气说："跟我比，你还差着两万年呢！"而杰德奥特曼这种小字辈，就要用一种谦虚但励志的姿态诚恳地给自己打气："遇到事情不能坐以待毙！"如果两个人情绪搞反了，就很不专业。

当然，一次表演一个奥特曼仅仅属于基本功范畴，更多时候需要串岗。赛文奥特曼（就是我）对雷欧奥特曼（也是我）说出"如果那西边的夕阳是我的话，明天的朝阳就是你"时，一定要亦师亦兄，既要急流勇退地深藏功与名，又要满含期待地寄托希望，而转个身切换至雷欧奥特曼（还是我哦）喊出"地球是我的第二故乡"时，则马上要把那种接班人的使命感表现出来——但这事远没完，因为普莱舍星人（还是我）大笑着出现了，手中的扫帚每发一招都要喊一声"咿哈"，然后雷欧（我自己）被击中变成一个小雷欧，这个时候奥特之王（是我是我还是我）出现，赐予了雷欧（我自己）枕巾，雷欧（我）脖子上拴着它击败普莱舍星人（我我我）。

在这个过程中，除了台词，我还需要做的是：疯笑，耍扫帚，瞎喊，蹲下，站起，自己递东西自己接，系枕巾，摘枕巾，再系枕巾，发招，再摘枕巾，自己抽自己一顿，自己再反抽自己一顿，然后死。这一套表演下来强度不亚于去一次健身房——而且以人类最朴素的判断标准，我这期间的状态基本上属于缺心眼、少智慧、装傻充愣外加多动症，演完后整个人疯疯癫癫的，气质基本上要延续一个小时才能缓和下来。

这些年把几十口子奥特曼全部演下来，再回头看《24个比利》这种程度的精神分裂也只是微微一笑不值一提——毕竟我是可以写出《68个二姐夫》这种惊世巨著的资深神经病。

我演艺生涯中比较艰苦的一次是《大闹天宫》片段，我女儿说十分想看孙悟空偷蟠桃那段中……七仙女的风采。

是的，我是七仙女

那天的具体情况因为过于羞耻我不打算详细描述，大家可以自行脑补一下，一个中年男人摇头晃脑、搔首弄姿，兰花指、翻白眼、摆臀扭腰一个也不能少，然后逐一摆出七个女子被定身的前挺后翘的婀娜多姿的诡异场景。表演完我突然发现我儿子在暗中观察，并露出鄙夷的神色。

一个父亲，被儿子目睹了自己搔首弄姿的样子，是很容易丧失理智的，但在这种情况下，气势更要足，绝不能落了下风。

我利用自己强大的情绪操控能力先发制人："你不要露出这样的表情，我这是表演，此刻我已经不是你爸爸了，我是蟠桃园的七仙女。你要看到我的演技，把七仙女当时的气恼、羞耻、心焦如焚表现得十分到位。"

他说："不不不，你想多了，我没把你看成我爸爸，主要你这一段不像蟠桃园的七仙女。"

我问："嗯？那像什么？"

他说："盘丝洞的蜘蛛精。"

我在那一刻完美诠释了七仙女的气恼、羞耻和心焦如焚。

有一次去公园，我女儿拉着我的手说："爸爸，咱俩玩公主的游戏，我当公主，你来当我最忠实的朋友好不好？"

我一听，内心十分欣慰：公主最忠实的朋友耶，搞不好是个圣殿骑士。退一万步，即便是她最信任的老仆人，也是一段温情故事——当了这么多年妖精畜生，今儿个算过年了。

我开心地说："没问题我的公主，你说吧，我当你哪个朋友？"

她说："狗。"

"啊？"

"一条可爱的小狗。"

原来我不仅仅是公主最忠实的朋友，还是全人类最忠实的朋友，可以牧羊的那种。

然后她就开始做（玩）起（弄）游（爸）戏（爸）。

我女儿牵着我说："狗狗，我们今天去哪儿玩？"

我："森林！"

她："你是狗！你不会说话！"

好吧，我是狗。

她继续说："我们去森林玩吧？"

我吐着舌头冲她点了点头。

她："你得回答我啊！"

我："我不是狗吗？！"

路过的人都以为我在辱骂自己。

她："狗会汪汪叫啊。"

好吧，我会汪汪叫。

我："汪汪汪！"

她："你要很高兴啊，狗狗最喜欢去森林玩了！"

于是我抑扬顿挫地说道："汪汪！王王王！！网网网网！！忘忘！！"

我身边正好溜达过来一只狗，它闻声停下来，看了看我，然后转过身子走了。

演艺之路如此辛苦，但我仍然觉得没有什么可抱怨的。

有一次，我在商场里找厕所，在一个拐角处被一位站在墙边的大汉吓了一跳。这个人笔直站立，后背紧贴墙面，昂首挺胸，直视前方，眼神直愣，更重要的是，他肚子鼓胀，似乎塞了一些东西。总之看到他那一刻，我险些不用再去厕所。

那汉子看到我的反应，抱歉一笑对我说："哥们儿对不住啊，我这跟我闺女玩游戏呢，她出去'上班'了。"我赶紧说："理解理解，没事没事，您踏实地等着孩子下班回家给您做饭吧。"那汉子说："不用，我闺女让我演一大衣柜。"

我当时内心瞬间涌出惺惺相惜的情绪，同时感叹自己的美好生活——我起码还能演个活物，没有被要求让我和我爱人演一组组合柜，还有什么不知足的呢？

大家都知道，影视专业是一个相当复杂的概括性说法，包含很多系别，比如表演、导演、编剧、摄影、配音、动画等，大多数人只可能选择其中一到两种学习，鲜有全能人士。但当了爹妈的人，在孩子的训练下，都成了人中龙凤，说学逗唱、胡编乱造、群魔乱舞，不在话下。

当代表演专业最高学位不是什么博士，而是爹妈，这个学位毕业后，至少甩出北影中戏高才生六十多个奥特曼。取得这个学位的人，绝对不存在弄虚作假或学术不端，都是通过严苛考验的战士，是实打实的老戏骨——时间久了，自己能跟自己聊起天来。

我建议和我一样遗憾自己没有走上演艺道路，同时又不在乎人格尊严的朋友们，可以选择要个孩子，他们一定可以满足你在演艺事业上任何程度的需求——但由此引发的其他身体上的不适，本人概不负责。

谨慎喝鸡汤，我来刮刮油

跟孩子玩过家家或在各种场景里演戏，是每一个家长的必修课。我问过很多有儿子的母亲，她们对奥特曼的熟悉程度惊人，而有女儿的父亲，则对迪士尼各位公主的性格特征了如指掌。有一些家长对此不太认同，认为这是装傻充愣，浪费时间。但这种看似幼稚的游戏实则具有意义。

儿童玩过家家或者角色扮演的游戏起初可能仅仅是对成年世界或某些文艺作品的简单模仿，而后期的自我发挥则会极大地提高他们的想象力。如果你关注到他们慢慢对整个游戏剧本的细节的掌控加强，对包括你在内的每一个角色的安排的合理性增强，你会发现他们确实成长了。这种"幼稚"的行为对提高孩子做事的执行能力和与人交往的能力，是有显著帮助的。

当然，即便你对你所参与的跟孩子一起表演带来的好处不能敏感地感知，你至少可以看到一个结果，这个结果绝对不会让你后悔你的装傻充愣，那就是：你跟孩子的关系更好了。

老父亲们的境界，都在有了女儿的那一刻升华了

有这么一个很有名的段子：

记者问农民：如果你有一百亩地，你可以捐给穷人吗？
农民：可以！
记者：如果你有一百万元钱，你愿意捐出来吗？
农民：我愿意。
记者：如果你有一头牛，你愿意捐出来吗？
农民：不愿意。
记者：为什么一百亩地、一百万元钱你都能捐，一头牛却不愿意呢？
农民：因为我真的有一头牛啊！

这个段子很经典，看起来是讲了一个笑话：胡吹可以，真到做起来就没那么痛快了。但其实它的内核是阐述了一个"非对称风险"的理论。这个理论不算新潮，一位叫纳西姆·尼古拉斯·塔勒布的作家把它说得很明白。

他提出的非对称风险的核心大意就是，在黑天鹅这种不确定事件遍布的时代做事情，你得认清非对称风险，你得有风险共担意识——说白了就是，

要想把事情做成、做好，要鸡贼不行，大家都要出点血才能理解如何去做。

我对这句话在创业和合作关系上没有什么感触，但它可以用来形容有了女儿之后的我，以及我所见过的有了女儿的爹们。

我周围有很多父亲都是这样。通过各种渠道相识的父亲们有时候会聚在一起聊天，以至于形成一种我称之为"女儿局"的社交。这种局没有油腻的吹牛，没有自以为是的指点江山，没有噪声一般的劝酒说辞，大多数都是冷静地交流，如何在这个社会中保护和培养好一个女孩，有时候谈得很深入。

老父亲们的境界都在有了女儿的那一刻得到了升华。

虽然 21 世纪已经过了二十年，但大多数男士在对女性权益的关注上，还仅仅处于"嘴上捐一百亩地"的阶段——我说的是有一些先进意识的男性，其他人可能还不如那位农民。当然我这个结论仅仅是个人结论，不做广泛推广——我本也不是为了争论才说这些话——但我也不是空口无凭张嘴就来。

有一回，我在微博上看到一个讨论女性职场歧视的话题，我浏览了一会儿，发现下面的大量回复不忍卒读。比如，"怀孕加休产假的时候女人就是要休上几个月啊，别人开公司为什么要付出这样的成本养着她们呢""人家老板也是人啊，老板也要赚钱呀""我要是老板，我也不爱要未婚未育的，我要考虑成本呀"云云。一副巨客观、巨公正的样子。

倘若是老板说出这些话，我恐怕还能有丝毫理解，这本也不是某一个人或者企业能解决的事，但通过"别人""人家""我要是"等字眼就可以轻松判断，你一届加班狗——搞不好连班儿都混不上——也要假装自己坐在老板的位子上说话，这很让我费解。

说到底，能让这些人大言不惭说出这样的话的原因就是，男人不用生孩子，所以他们才可以高喊着"我们没有因生孩子休假的需求！"，但如果要他们勇敢而真诚地说一句"我们没有要孩子的需求"，很可能就没有这么硬的底气。当然这个话题很大，可以扯得很远，女性职场之艰难不止于此，说一说可能就又要跑偏，我不打算继续聊。

不过，我估计作为一个男人说出这样的话，会有人批评我：你一大男人，现在不也是坐在女性的位子上说话？

那必须的，因为我真有一个女儿啊。

说回老父亲们对自己女儿的期望。

在没有女儿之前，我曾经想过很多对她的设想，我不吝惜用全世界最美好的词汇来装点她，期待她的未来。后来她出生了，我又写过一篇文章，比起以前的爆吹彩虹屁式的祝福，我用更实在的语言把我对她的想法写到了她十八岁。

我说了这么几句话：

我希望你永远为自己是一个女性自豪。有些人会试图从各个方面打压这种自豪，否定女性的成就和能力，越是面对他们，你就越要抬起骄傲的脖颈。

去尽可能多地实现自我价值，人生不长，如果你有足够的能力去帮助更多的人，那么就去做。但你实现的一定是自己的愿望，而不是任何别人的期待。你的愿望即便并不高远，但只要遵从了自己的内心，让自己快乐，就都是正确的。

永远不要听那些"女人应该怎样"的话。除了法律和你自己，没有人能够给其他人定下规矩，更何况以性别为标准。为何女性不能做这个？为何女性一定要那样才是美德？说这些话的人，内心龌龊，要远离。

要独立，不管在任何时刻，都要保证自己有生存的能力和思维的独立性，只有这样才能应对任何冲击，并保持冷静、理智、客观的判断。

不以任何别人的观念为生活目标。别人的价值观，倘若不是你认同的，就不用妥协。不论婚姻还是生育都应该是你自然而然地认为是你的生命需要，而不是为任何人、为任何价值观、为任何世俗之见去做的事。

不要让任何人物化你，更不要自己物化自己。

眼界要开阔。开阔的眼界能避免很多卑微的、肮脏的事物污染你，你关注到它们，它们就千方百计阻挠你的脚步。你无视它们，就能踩着它们走过去。

爱和被爱都是严肃的，它们很重要，但都比不上爱自己。如果你发现婚姻并不是你所想的，要及时止损出局。你的人生远不止这些，路，长得很。你一定要好好爱自己。

这些话现在说起来仍然是我的心声，但如果让我现在再聊一聊，我可能会说得更具体。比如，现在问我最希望她具备的一种品质，我首先会说是勇敢，因为这个世界太需要女孩子们勇敢起来。

我作为父亲，自然有成为她坚强靠山的觉悟，但我真正希望的是，她不需要任何靠山。

她如果是个勇敢的姑娘，就再好不过了。

我曾经做过一件事，就是在给女儿讲童话的时候，淡化了几个所谓王子公主的童话结尾，有一些甚至完全省略掉了这个人物。

我觉得王子不能因为他是王子，就成了女孩子的幸福归宿——这种归宿就连公主也逃不脱。我当然也理解王子公主可能是一种所谓门当户对的美好愿望，但我不认为这种观念应该出现在女孩们必须要做到的人生目标中。

这些年，迪士尼的童话也都在向这个趋势发展，公主就是公主自己，女孩们不是公主也无所谓，她们人生的美好是她们努力的结果，爱情虽然仍旧不可或缺，但幸福是因为她们自己聪明、善良、勇敢、无所畏惧、敢爱敢恨、有勇气追逐梦想。

大约在我儿子可以应付基本阅读的时候，我给他买了一套罗尔德·达尔的童话书。这位老绅士不用我介绍，在孩子们中人气很高，他本人是一个拿奖拿到手软的作家，写了不少相当好看的童话，比如《查理和巧克力工厂》《了不起的狐狸爸爸》。

这套书里有一些我没读过，所以在他看之前我先读了几本。其中有一个叫《玛蒂尔达》的故事我觉得很有意思。

《玛蒂尔达》比起其他童话，并没有超越现实的神奇魔幻背景，整个故事是在相对更贴近生活的家庭、学校、老师以及同学之间展开的，而我的女儿不到三岁，跟这个故事的小女主角出场时的年纪很像。玛蒂尔达这个小姑娘坚强勇敢的性格又是我心目中优秀女孩的形象，所以印象很深。

玛蒂尔达是一个三岁就可以阅读成人书籍，四岁就具备了阅读世界名著和数学心算能力的天才女孩，但可惜她的父母是一对庸俗贪婪、目光短浅的奸商，他们对这个正直善良的天才少女极尽侮辱和嘲讽，父亲宁可教他儿子如何在生意里弄虚作假，也不对自己的女儿进行任何培养，甚至跟她说她读的书是下流的废物。而她的母亲更是告诉她，女孩子只要美美的、嫁得好就是幸福了。

玛蒂尔达在这样的环境里成长到了学龄期，在学校里，这个可怜的姑娘又遇到了对孩子怀有巨大仇恨的恐怖校长，她可以用三天三夜不重样的脏话辱骂孩子，也可以把孩子当链球一样扔到草丛里去。这样一个人因玛蒂尔达的父亲而对她怀有极强的敌意，经常侮辱和冤枉她。

玛蒂尔达在这种困境里没有放弃继续学习和读书，她坚持着她的标准，从不向那些恶毒的批判和评价妥协。她在学校里结识了善良的、可以理解她的亨尼老师，并且依靠自己的勇气、智慧、学识和超能力帮助了亨尼老师和同学们。

这是一个教人勇敢和坚持的童话，展现了知识改变命运的力量，告诉孩子如何勇敢面对这个世界的丑恶，从这一点上看，《玛蒂尔达》比起一些历经苦难走到一起的王子公主的故事更加纯粹。它向我们展示了知识和勇气的力量，尤其是对于一个女孩。即便她不过五六岁，也能爆发出巨大的能量，甚至改变自己和其他人的人生。

这并不是一个历史久远的故事，甚至在某些角度上很有现实意义。

当代世界对女性远达不到"友好"的程度，当你关注这个世界的时候，你会发现，诸如玛蒂尔达愚蠢的父母嘴里那些对女性的"标准""限制""禁锢""刻板印象"，以及邪恶校长的"侮辱"和"冤枉"并不鲜见。

我并不认为罗尔德·达尔所塑造的父母和校长在当代看还是真实的父母和校长的社会角色本身——毕竟当代父母和教育的进步是可见的——我更认为这位老绅士笔下这些人的意义在于它代表了一种对孩子的命运和人生具有决定性的力量。

这种力量在校园、职场和生活中都会出现——毕竟谁也不能保证，孩子们的一生不会遇到这种不公正和不正确的决定性力量。它跳出来虎视眈眈地横在孩子们面前，试图阻挡他们的脚步。这个时候，孩子们唯有自己懂得充满勇气而不轻易言败，坚持追求智慧和知识，才有足够的能力保护自己。

这种能力就是当代父母希望自己亲爱的马蒂尔达能够具备的超能力吧。

谨慎喝鸡汤，我来刮刮油

如果总结我在文中对于我女儿的那些期待，我认为最核心的应该是完全独立的意识。只有意识独立，才有可能屏蔽掉狭隘的眼光束缚，拥有明确的人生目标，不被其他人的意志左右，发展出独立判断的思维，并生出"自豪""自爱""开阔""实现"等可能。

当然，这些所谓期待，也不限于"女儿"，当代男性也无法避免被世俗的标准贴上各种标签。何为成功,什么是失败,简单粗暴,不要为了别人的一些虚妄的眼光放弃了不少东西,甚至是人生的快乐。

  我们都希望孩子以他自己认为最快乐的方式生活,但这需要在他有自主选择的权利之前就具有独立思考的能力。这些能力的培养的重要性,可能又远在某一个具体知识、专业之上了。

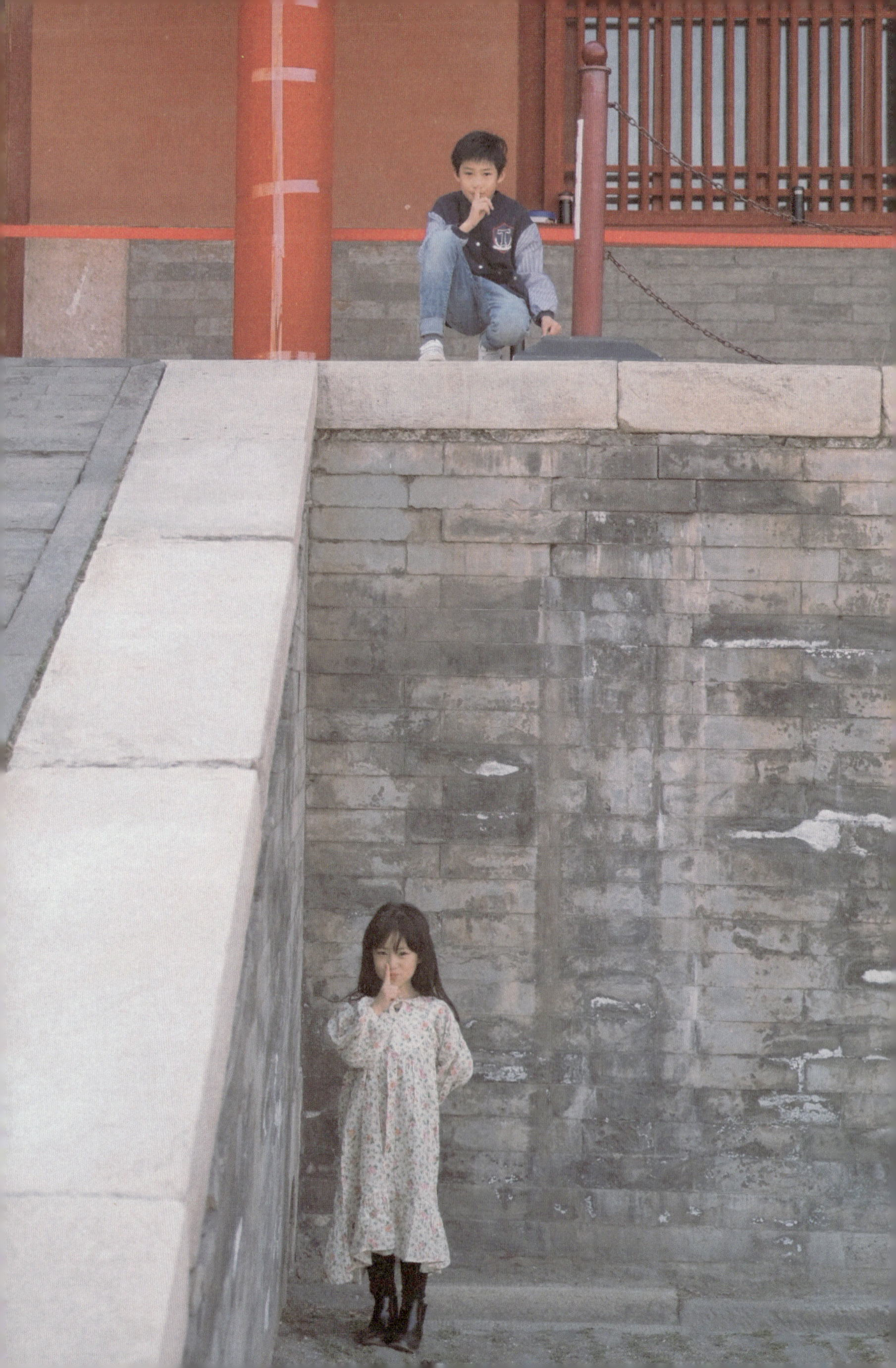

4

共同成长：
家长与孩子是共生的森林

照妖镜：家长的言行，孩子会全方位模仿

一天早上，我送完老大上学，正往回走，远远地看见一位女士，怒气冲冲地大步迎面走过来，后面跟着一个小胖墩儿，推着共享单车，慌忙地跟着。这应该是一对母子。

离近了，我听见那位女士愤怒的声音：

"你骑个车真费劲，本来骑车能快点儿，结果比走路还慢，一会儿不但你迟到了，我也要迟到了！"语气相当急躁。

小胖墩儿推了两步跟不上，打算骑上去，车有点高，蹬了两下没起来。他尝试了两次，都是晃几下就掉下来。这时候妈妈转过头来又是一声怒吼："没说你吧！快点行吗？"转头继续疾行而去。

小胖墩儿看见妈妈走远了，急得有点想哭，终于一咬牙从车上下来，把车往路上一推，横在路中间，跑着去追妈妈了。

果然，他追到妈妈那里也没落好，我看见那位妈妈站住后很严厉地指着他，我已经听不清妈妈具体在说什么，但很明显妈妈是在责怪他不能这么放单车。然后，她嘴里没有停，一直在唠叨着折返回单车旁边，操作手机，弯腰，锁上车，转身走了。

车还是横在路中间。

4 共同成长：
家长与孩子是共生的森林

上周末带孩子去公园玩，带了足球和飞盘。玩飞盘的时候，我们把足球放在坐垫的旁边就走远了。

然后走过来一对母子，儿子大概四五岁的样子，妈妈举着手机一直拍他走路。看起来她儿子走路并没有什么特别，没有麦克的弹簧腿，也没有滑出太空步，只是在一片干草上蹚出一裤子土，但妈妈拍得非常认真。

我也是过来人，特别明白这种为人父母敝帚自珍的感情，比如我就相信我闺女的鼻涕都比别的孩子的更美味，这么看来我比人家妈妈没出息多了。

母子俩非常霸气，那么大片草地，他俩目不斜视地向我和儿子玩飞盘的那七八米之间走了过来。虽然我特意买了安全的软飞盘，但我还是怕飞盘打到"敝帚"，他母亲会不依不饶，于是就停下来让他们先过去。

然后母子二人就停在了我们俩中间，不走了。那孩子什么也没干，就是站在那里，看我拿着飞盘。

"你要一起玩吗？"我问。

"我们不玩。"他的妈妈接了话。

我儿子做了个表示莫名其妙的摊手的姿势，我继续看着那位母亲，她并没有要引导孩子离开的意思，而且展开了她手里的风筝，显然是看上了这块地方。于是我向我儿子扬了扬手，他换了个方向，我们继续扔飞盘。

然后，那个孩子突然冲向了我垫子边的足球，高喊着"谁家的破球"，一个大力出奇迹，一脚把足球踹到了远处的一个松树坑里。

"嚯，劲儿真大，"妈妈夸赞道，"下次咱们自己也带个球来！"说完，她就领着她儿子向另外一个方向走远了。

是的，他们俩就这么走了。

那个球就躺在树坑里。

点亮智慧人生的《法治进行时》有一期讲了这样一个故事：110接到一则报警，报警人说有大人打孩子。

原因是两个三四岁的孩子因为争抢玩具打闹起来，双方家长因此发生纠纷直至动手。

一位老太太在镜头前声情并茂地控诉："我什么话都没说，他上来就给我们家孩子拖起来了。换位思考，我要提拉你们家孩子你能不急么？"

另外一个膀大腰圆的汉子说："急！"

老太太接茬："那不就得了！"

汉子掷地有声说："所以说，你动我我就得动你！"

话说得相当彪悍，"动动动"的黑话里透着一股匪气，仿佛捍卫着不得了的尊严。他俩的孩子就在边上看着。

说到这里，我似乎显得有点高高在上——就会批判别人，坏事全让你看见了，你自己就没做过？

为了不陷入一个如此被动的装孙子的形象里，我必须要坦白自己的恶行。

那天我跟我儿子生气了，我很生气，非常生气，具体的事说出来一定会被人耻笑我没有风度，现在想起来不是什么大事，所以我决定对原因缄口。

总之在叫嚷后，我一时兴起扬起了手，虽然在电光石火间我还是非常专业地排除了头、胸、腹、背、腰等危险部位，最后决定落在脚面上——你们也不要脑补我恶狠狠地揍孩子的脚面时是一个什么诡异的姿态，但我必须承认，这手还是下了的。当时我看起来一定是面目狰狞，很不体面。

几天后，我看到我儿子跟他妹妹生气，叫喊着捶了她的脚。

我觉得我没办法去张嘴说"不能跟妹妹动手啊"。

我那天扬起的手，终于落在我自己的脸上了。

就是这么快。

孩子经常眼馋地看着我的手机，一脸想玩的表情。我责怪他不爱读书，后来我发现我天天晚上兴致勃勃地摊在沙发上玩手机，自己像一摊烂泥，却

4 共同成长：
家长与孩子是共生的森林

妄想培养出个莲花来，还真是有点异想天开了。

我现在会拿出一部分时间跟孩子一起看一会儿书，时间不用太长，但要专注。我们在一起讨论了《丁丁历险记》，我说我小时候那只狗还叫白雪，现在孩子们已经叫它米卢了。

我最近尝试着跟孩子一起多看一些优秀的动画电影，而不是像原来那样犯懒，开了电视就走，留下孩子独自看那些为了卖玩具的冗长的无脑动画片。

我发现同样是看电视，孩子们思考的东西完全不一样。好电影里的故事情节、冲突的设置、人物的对话和神态、分镜的艺术、天马行空的创意，给孩子留下的东西是完全不同的。

如果你真这么做了，你会发现你的孩子把横扫各大少儿台的某些弱智动画片给戒掉是一件相当简单的事，他再也不会跟你说"哎呀妈呀""这是啥呀"——相信我，我对"哎呀妈呀"和"啥"绝对没有瞧不起的意思——我只是觉得孩子费了半天眼神儿，脑子里只留下这些玩意儿，实在有那么点儿得不偿失。

我特别不喜欢"熊孩子"这个词，因为不太准确。这个词本应形容的是散德行的成年人，不雅也就算了，信、达也一点儿不占，关键是很容易跑偏——成年人看到这个词，有几个人会往自己身上揽的？

倘若我表现得像个垃圾，控制不了自己的情绪，我就没权利让我的孩子表现得彬彬有礼。

如果我自己都做不到所谓的准则，先不谈对错，有什么脸让孩子遵守？

人多少要给自己留点儿面子，不能自己散完了德行然后觍着脸说：你看那儿有一个熊孩子！

熊大，快别说熊二了，你瞅他像谁？

谨慎喝鸡汤，我来刮刮油

家长对孩子的影响巨大。孩子对家长的模仿几乎到了全方位的程度。家长的语言、动作、表情、行为、性格、处事方式、价值观等，是孩子最初形成的"一个人应该是什么样子"的标准。我们经常说的"小大人"，就是儿童对家长的简单模仿，他一本正经说大人话的样子一定是像极了父母和老师中的一位。

我们在看到一个孩子的时候，一定会同时看到他父母的影子。如果孩子特别容易生气，那一定是家长有诸如此类的性格特征；而行事稳重、待人温柔的孩子，父母一定不会是暴脾气、急性子；孩子做事情没有耐心，父母大概率在进行家庭教育时也是同样的状态。

有一句话说，孩子就是父母的照妖镜，家庭教育远远不是讲大道理那么简单，因言行不一而翻车的例子太多了。家长到底是什么样的人，看看他的孩子就知道了。所以，家长倘若对孩子有所要求，还是要先从自身着手，有点约束自己言行的意识，才不至于让孩子学出个熊样子。

先理解，后育人：生搬硬套的理论会适得其反

在我二三年级的时候，不知道是接触周围的大人多了，还是什么别的原因，有那么一段时间里，我碰见熟人会以一种相当成熟的姿势打招呼——弓起后背，肩膀端起来，颈部带动脑袋迅速向前伸一下，然后返回。有一次，我父亲带我去单位，我见到熟识的人，都是以这个姿势伴随一声叔叔或者阿姨一路打着招呼过来的。

"你跟哪儿学的这点头哈腰的样儿？"我父亲问我。

"什么点头哈腰？"

于是我父亲学了一下我的姿势，我并没有意识到我自己一直在这么做。

"胡同里的二流子才会这样，你是二流子吗？"

我想了想曾经被称为二流子的那些人，觉得跟我的气质不太一样，所以我说："我不是。"

"那你就不需要跟人点头哈腰的。"我爸说，"不像你这个年纪的人该干的事。"

我倒是同意，因为我也觉得那姿态看起来确实略带猥琐。所以我此后再见到人，就特别注意自己的姿态，稍有点头哈腰的趋势，马上就意识到自己犯了错误，赶紧一脸严肃地纠正。虽然腰板挺直了，但表情却显得不那么

友好。

"你是有什么情绪吗？"我父亲问我。

我并没有。

"那你为什么这样呢？"他又学了一下我的表情，"苦大仇深的样子。"

然而我也并没有意识到我看起来竟然这么愤恨。

之后再遇到人的时候，我首先担心身体姿态过于二流子，紧接着就担心自己太过担心二流子的身体姿态，而让自己看起来苦大仇深的表情。然后我眼前就出现了一个一脸苦大仇深的二流子点头哈腰的样子，于是我整个人的肢体和表情都僵硬起来，甚至在熟人面前发起抖来。好了，我现在看起来像一个神经病了。

此后相当长的一段时间里，我都唯恐自己在别人面前成为一个二流子和愁苦人，为此而无所适从。这种无所适从逐渐转变为恐惧和自卑，进而转变为对"遇见熟人"这件事的一腔怒火，开始抵触起见人来。

一直到现在，我在跟别人打招呼的时候都非常尴尬，无论在楼道里还是大街上，见到熟人对于我来说都不是一件愉快的事情，尽管我认为我的性格在外面尚且算是开朗的，但那种无所适从让我的自卑无从掩饰。

有一天我家来了客人。父亲的一个同事带着他的女儿路经此地，前来拜访。

就在前一天，我独自躺在床上玩耍，百无聊赖地双脚托着我家木把的扫炕笤帚举上了天。扫炕笤帚毫无悬念地掉下来，拍在我脸上，我面部最高峰的鼻子成了重灾区，不但纵向肿成了鹰钩，横向宽度也大幅度增加，整张脸看起来像只树懒，奇丑无比。

恰恰父亲同事的女儿长得很美，发黑肤白、五官精致，就像年画娃娃。我从她进门的一刹那就泛起巨大的自卑感——我认为以我当前这种奇丑状态是不适合跟任何异性接触的，尤其是如此曼妙的女孩，我如此尊容，万一控

4 共同成长：
家长与孩子是共生的森林

制不好再来上一套"二流子大变神经病"的把戏，实在丢丑至极了。

于是我冲回卧室，关上了门。

我也知道，若不见也罢了，互相都看见了再跑掉确实不是件体面的事。但内心已被自卑左右，也顾不上礼数，只是背靠着门，责怪自己昨天闲出屁来非要玩扫炕笤帚。

此时我父亲在外面要推门进来。

"出来跟叔叔和小姐姐打一下招呼。"

我抵着门。

我父亲推了几下没推开，声音开始严厉起来："你要有礼貌！"

我不是不懂礼貌，但我不能出去见他们。

推门的力道更大了。"赶紧出来，"我爸小声说，"不要丢人。"

我并不觉得丢人，我认为出去了才丢人。当年我已经不是一个容易被成年人搞定的小学生，双手抵门相拼，我父亲势必要以一个更容易发力的姿势才能推开，但那样在客人面前的对抗就过于明显了。

此时门外响起那位叔叔的声音："算了算了，孩子都这样，我家这个更拧。"

推门停止了，我松了口气。

客人走后，我遭到了猛烈的打击，为此挨了巴掌，我父亲认为我应该更有礼貌，以我的表现，足以挨上一顿板子。而我心里清楚，小姐姐是孩子，孩子才不管谁有没有礼貌，她会记住我树懒一般的脸和二流子一样的身形，并笑话我，以此起个外号也说不准，今后便再无相见的空间。

在耳鸣中，我并不后悔。我捍卫了自己的尊严，心中十分骄傲。

有一年，我因期末考试成绩不赖，得到了父亲奖励的一笔款子。虽然款子没有直接交到我手上，但父亲承诺一起出去的时候我可以把它一次性花掉——事实上这不是他在放空话，他从不骗我，这恰恰证明了这笔款子的数额算是可观，可观到不能直接交于我手里。

我对拥有这笔资产相当自豪，那种选择权在手的感觉让我踏实，为了享受那种踏实的幸福，我忍了很久没有提出请款需求。

有一次逛商场，到了卖玩具的柜台，我下定决心把它花掉——毕竟看不见摸不到的美好总是有够的，它需要被转化为实实在在的幸福。

于是我认真挑选起来。我当时的款子数额足以让我负担起一个变形金刚的头领战士，头领战士绝对不同于那些十几块钱的杂鱼，两者之间的鸿沟，不亚于玛莎拉蒂和捷达——我没开过玛莎拉蒂，但我相信这区别完全可以靠幻想总结出来——所以那时我没有任何理由不买下一个头领战士。

然而我父亲有不同的意见。他觉得当时流行的俄罗斯方块的掌上游戏机挺好。首先是流行的电子产品，很时髦，此外还有一定的益智作用——当然我们现在已经了解这玩意玩熟了跟智力没有一点儿关系——但当时他的意见很明确，俄罗斯方块比头领战士更好。

事实上，我并不是没有比较过两者。我父亲所说不是没道理，电子产品当年拿在手里确实拉风，玩法也算是新鲜，但在孩子中，还是远不及一个头领战士。举个游戏机，玩上一会儿也就不新鲜了，并且除了被人围观上阵，最多是个独乐乐。而变形金刚就不同，在这个圈子里，我们一群人可以通过胡编乱造的剧情唾沫横飞地玩上一下午，这是个众乐乐。况且你拿来的玩具的地位，直接决定了你是五分钟内就被轰上天，此后只能蹲边上流哈喇子看着的人，还是可以一直血战到最后一秒，最终取得胜利、获得荣耀的人。所以头领战士对我来说更有意义。

因为是我的款子，而我父亲是个讲信用的人，在我的坚持下，最终我欢天喜地把这心爱之物捧回了家。尽管我父亲嗤之以鼻地半开玩笑说："就知道买这些没用的。"但这无所谓，回家这一路艳羡的眼光，已足够了。

我说这三件事情，并不是为了展现我锱铢必较的气质——尽管我心眼儿

4 共同成长：
家长与孩子是共生的森林

确实也不大，但好歹现在在我的人生经验里，我自认为算是个心智健全的人，没有跑偏。我只是想说，成年人想破头也不一定能理解孩子到底是怎么想的，这简直是一定的。

比如，我当年抵门不从，事情做得确实不礼貌，搁哪儿也不能算好，我父亲觉得他打得有道理，然而我却很痛苦，并不是因为挨了巴掌，而是觉得父亲不理解我，竟认为我是一个不懂礼貌的孩子，而我只是在那天不想被笑话而已。

我不反对研究孩子，尽管我认为在大多数时候，研究孩子的那群人不是为了孩子好。我对已在这污浊尘世里浸染多年的那些目的不纯的成年人能对孩子理解多少，表示深深怀疑——有资格的人是有的，但绝大多数人恐怕连百十来个孩子都没接触过，就敢张嘴谈教育。

我现在也是一介家长，在抚养孩子方面也有了丁点儿微末经验和方法，在自己当年作为孩子的体验上总结着，不期重蹈覆辙，亦不愿让孩子经历那时粗粝教育下产生的各种困扰。但因为知道孩子是自己的，所以懂得养得好与不好都远达不到推己及人的程度，于是在别人问时也不敢多说——并不是吹牛，而是不敢误人。但现在很多鸡汤写手极敢说，随随便便就能盖棺论定：这样的孩子需要这个，那样的孩子需要那个。看得我瞠目结舌。

孩子不是产品，每一个孩子都有自己的经历和思想，从而形成一个独特的人，没有任何一个孩子的需求可以被另外一个孩子完全套用，遑论面向大众的方法。作为父母，你若没有陪伴他成长，只按照别人说的法子去套养自己的孩子，这是可耻的偷懒。这种可耻不会被任何方法论掩盖。倘若认识不到这些，强行给孩子提供道德和规则的"需求"，感动了自己，但对双方都构成了一种折磨——你因在你"苦口婆心"下那不懂好赖的白眼儿狼梗着脖子而生了闷气，殊不知孩子看着你唠叨的样子，心里其实已经烦得不行了。

我个人更希望自己能把孩子当成生命中一起成长的伙伴和一段道路的同行者，不加模子、不设套子，在孩子做出"离经叛道"之事时不着急下结论，不存虚妄的家长观,并保持此心,让彼此成为真正快乐的人。

能做到这点,已足够了。

谨慎喝鸡汤,我来刮刮油

亲子教育是否有理论依据,我认为答案还是肯定的,任何一种相处,都需要有科学的依据。亲子关系作为人类最为亲密的关系之一,也不应该例外。很多不讲科学的家长,比如那些过于和孩子"不见外"的人,跟孩子就相处不好。

但理论和科学如何执行,就绝不是简单的套用可以奏效的了。理论如同解决问题的指引,但问题和问题不一样,这就需要根据问题调整理论。孩子也是一样。家长就算看过了一百本教育类书籍,懂得了一百种教育理论,如果不够了解自己的孩子,生搬硬套,都是白搭。这就是有一些教育工作者反而不能把自己的孩子教育好的原因。

如果把教育理论当成亲子教育的良药,药自然是治病的,但在下药的时候并不能透彻了解病至何处,就按照方子下猛药,那跟投毒也没什么区别。

家庭教育也是如此,你如果没有耐心去了解你自己的孩子,那么什么理论也解决不了你的问题。不论你是否学习了什么高深的教育学说,对自己的孩子用心去理解,都应该是家长第一步要做的。

和孩子动手，是家长无法控制情绪的产物

我曾经看过两个在商场作妖的孩子。一个孩子在商场里志气满满地躺在地上打滚，一边发出巨大的、稚嫩的、野兽般的号叫，一边演技颇不纯熟地用干号的方式表现得欲哭无泪，其主要目的是想买一个玩具。他父母立于不远处，爸爸一脸愤怒不断想冲过去给他点颜色瞧瞧，而妈妈却拉着他，劝他不要搭理孩子。之后我就走远了，也不知伏地魔是如何倒台的。

另外一个是吃饭时见到的邻桌的孩子。为泄私愤，那孩子哭声嘹亮地把装满饭菜的碗筷扔到地上，母亲连哄带蒙，父亲大声训斥，但孩子并不以为然，捡起来就再扔下去，座椅周围一片欣欣向荣。其父眼中冒火，但也没有什么好办法，眼见孩子脚蹬手扔嘴里喊，影响着别人，两个人只好放着没吃完的饭结账抱着孩子仓皇逃离。

事实上，我在公共场所见过很多熊孩子翻天，但鲜有父母有能力采取有效手段控制住，即便是这样，现在也极少见到或听说揍孩子的现象了。

世道变了。

诸如此类的造次在我小时候是绝不敢有的。我若是第一个孩子，我的下场几乎可以肯定：在我身形尚未完全触地前，就会被我父亲一脚凌空踹飞出去，在地面上滑行十几米，体验人体冰壶的奥妙；浪费粮食那位就更不敢想，

我推测我父亲的筷子会以迅雷不及掩耳之势打到我脑袋上。

我第一次挨打是在何时已不能准确回忆，但可以肯定的是，我在年纪很小时就已开始挨揍，因为这些挨揍的记忆如此深刻，贯穿我的成长之路。

在那个时代，大多数的孩子都挨过打，亲子关系的主要区别是给一嘴巴、切拐脖或者踹上一脚的区别。这些打法比较常见，仅程度有所不同。

我父亲则有他的独门绝活，他朋友称之为"猴儿钉"。

成年后我查了一下，这种拳法其实叫凤眼拳，主要为打穴，有穿透力强的特点。穿透力强不强倒先不提，但这招可以算是我在天文学上的启蒙，因为挨到猴儿钉那一瞬间，我可以用肉眼观测到一些明亮的天体——有时连续挨上几下，还能看到星轨。但我终究没在这条道路上继续发展，我推测虽然猴儿钉非常尖端地在三十年前实现了当代才流行的 AR 技术，但多少对脑子有所伤害，因为我不但天文学没学好，数学也开始犯糊涂了。

除了比较常见的大手印和天残脚以及独门绝活猴儿钉之外，我父亲还善用各种工具拾掇我。

那时候家长揍孩子的工具就像文学作品一样，来源于生活，但高于生活。明明是清洁用具，是厨房用具，是衣帽服饰，甚至是文化用品——我父亲就曾经用卷好的画轴抡过我——转眼就成了伤人利器。它们可大可小、可轻可重，有一些比较粗壮，注重输出，挨一下是一下，比如擀面杖和扫炕笤帚；有一些看似轻便，但伤害很大，鸡毛掸子、鞋拔子之流就是代表；还有一些则走的是速度流，主打出其不意和攻击频率，我挨打生涯中较早接触到的筷子就是这样，类似于兵器中的峨眉刺，出招前毫无征兆，很难防御，主攻脖子以上部分，不论是敲还是戳，都足够令我胆寒。搞得我直到现在路过筷子店时，还有卖兵器的错觉。

这种生活化的武器最大的危害就是防不胜防。比如，我家总共就四十平方米的小屋子，武器随手拈来，用起来贼顺手，令我无所遁形，跟住在武器库里没有区别，毫无安全感。当年我看吴宇森的《义胆群英》里有一段满屋子藏枪，桌板下、花盆里、抽屉里，子弹没了马上能接上，我当时哭得跟什么似的。哥们儿都以为我是被兄弟情义感动，其实我是想起了自己——我父亲抽我，也是这么潇洒。

久经锻炼之后，我父亲有一些技能表现卓绝，比如他解裤腰带的速度在同龄人中无人能敌，手速惊人。有一个寒冷的冬天，我爸进门听闻我考试考砸了，我眼见他里外三层裹得严严实实，手里还提拉一网兜菜，心说天赐良机正好逃跑，脸还没转过去，就看见皮带已经拿在他手上。现在我有时会替他惋惜，感叹他这种微操作技能生不逢时，放在今时今日的电子竞技，搞不好可以闯出一番名堂。

我曾经试图追本溯源，寻找我父亲功夫师承，因为据我了解，他当年插队时主要工作是种地，回城后当泥瓦匠解决温饱问题，并不具备习武条件，这一身横功夫来得很奇怪。后来有一个冬日清晨，我看到我爷爷光着膀子在小公园的树林子里耍九节鞭，那鞭子乃精钢制成，耍起来呼呼生风，甩一下便深深戳进树干里。那时我站在晨雾中流下热泪，感慨我父亲能健康地长到成年，恐怕也经历了不少，心里竟生出一些惺惺相惜、男人何苦为难男人的情愫，师承之谜才得以揭开。

上学之后，我在我们楼区那片挨抽是有一号的，以至于老师在请家长时会特别强调不要让我爸来，一副关心我的样子。在这件事上我认为她是比较虚伪的，因为不请家长才是解决问题的根本。

我父亲当年负责房屋修缮。过去很多旧房子一到雨季漏雨，我父亲就要到处给人家补瓦片、铺油毡，忙得要命。他有一个朋友喜好书法，擅长草书，给我父亲写了一幅字，上书"愁雨斋"，意思是我们家是一个一到雨季就犯愁的家庭。我父亲很喜欢，把字装裱好了挂在我们家客厅的门上面。

有一回我同学找我来玩，进门看见那幅字，他仔细端详了一会儿问我："高面熊是什么意思？"

我说："你听说过青面兽吗？"

他点头："青面兽杨志，评书里听过，特牛。"

我说："对，高面熊是他师哥，比他高，也比他能打，就是不怎么出名，是我们家祖宗，所以才挂在这上面。"

他瞪大眼睛惊叹道："我说你爸打你怎么那么狠呢！"

我说："咳，武术之家的孩子都这样。"一副见惯风雨过来人的样子。

这孩子自此之后对我无比崇拜和敬畏，认定我是挨打业内的翘楚，在外面没少帮我宣传，说我们家祖宗是梁山好汉的师哥，说我挨打遭受的都是祖传的武术级别的攻击。我家当年为求美观又没钱铺地板，在水泥地面刷上了一层暗红色的漆充数，他自己发挥说，我家地面漆成那个颜色主要是为了遮盖打我打出的血，省得擦了。这种传言导致我收作业从来没有收不上来的时候。

有一段时间，来我们家玩的同学第一件事就是要到著名景点，比如高面熊匾、血色地板、卧室门背面挂的一排皮带等处打卡参观。大家啧啧惊叹，然后赶在我父亲下班前离开，跑出去吹牛。

以我个人的经验分析，大多数男孩要么不挨揍，家里人都没打孩子的习惯，要么就是爹妈两人手都不闲着，男单女单和混双。而我原以为女孩是不挨揍的，后来圈子慢慢扩大才了解，女孩虽然在挨打的频率和程度上较之男孩低了很多，但并不是完全不挨揍，而且主要执行人就是母亲。我就亲眼见过我家楼上的女同学被妈妈揍。

谈到母亲在揍人中的角色，我有话要说。母亲是含蓄的，母性让她们不会像父亲一样惊涛骇浪，她们有自己的爱好——指技，润物细无声。

4 共同成长：
家长与孩子是共生的森林

这两个字看似简单，其实博大精深，涵盖了很多手法和部位。比如，手法至少有三种：用指甲、用手指，以及用手指关节。这三种对应的攻击部位也不太一样。

还有一点，母亲在团战中不会充当战士的角色，而是主要打辅助，自带拱火光环，足以提升友军180%的攻击力。这很要命。

我必须承认我母亲是善良的人，我们曾经在坦诚地与之交流时她表示很多时候她的本意是想通过做出"站在我父亲一边"的姿态，或者把我爸的注意力转移到其他事情上，以达到帮他泄愤，尽快平息怒火，从屠刀下拯救我的目的。但我不能不说她玩这招的火候很差：

"你爸这么辛苦，你怎么还……"
"你就不能听点话，少气你爸……"
"上礼拜你就闹了这么一次……"

这些话无一例外成了敲边鼓。我爸本来可能还没那么生气，只要象征性给两下就结束了，一听这些，基本上会把战线拉得很长，十八般武艺都要用上。我妈这种抬法见效奇快，但往往有收拾不了的时候，她就只好挡在前面——早知今日，何必当初。

有人问过我：你挨过这么多揍，长大了有没有什么心理阴影？

大致上我算是一个比较正常的人，而且当年孩子们挨揍范围如此之大，也没听说谁因此变了态。

但我还是反对动手，因为一旦你的手在孩子面前扬起来，你就成了一个依靠双方身体差距取得胜利的人，成了一个依靠力量欺负人的人，再也没有讲道理的立场。如果说有什么心理阴影，那就是在我向我儿子仅有的几次扬手时，年幼的我瞬间附身到我儿子身上，突然以他的视角观察面前这个似乎要走到轮回老路上的中年人的暴躁和无能为力，一下子就泄了气。

当年我刚从荷兰回国，我儿子向我示威，我还没出手，仅用脚丫子下了一个绊儿，摔了他一屁墩儿，我妈就冲过来拧我后背："他是你亲生儿子呀！"手法还在，力量弱了很多。

"70 后"和"80 后"这代人当父母当得特别憋屈：自己挨抽的时候没什么人站出来说话，爹妈甚至还会互相交流诸如"揍孩子怎么能又疼又揍不坏"的经验；等到自己当了父母，被孩子气得脑袋要爆管儿，手还没伸出来，八百个人跳出来给你讲课。为什么受伤的总是我，是我是我还是我，简直要气死。

所以，我就更讨厌贩卖焦虑情绪的写手们挑拨我们的情绪，就更想以一个乐观的角度为自己和同龄人代言，找到更多乐子让大家开心地坚持下去。

我看到越来越少的家长揍孩子，我理解他们默默吞掉了怎样的情绪，因为教育方式在进步，而社会压力并没有减小。但我相信我们的隐忍是值得的。这种隐忍和自我控制最大的意义就在于不让亲子教育走上轮回，在这条路上有所变革。

有变革才有希望。

谨慎喝鸡汤，我来刮刮油

我小时候，很多孩子都会挨揍。所以对于挨揍这件事，大人和孩子都不会觉得不正常。而如今，揍不揍孩子是经常在争论的一个话题。

我对于揍孩子一向持反对态度，因为无论如何，这都不是一个

4 共同成长：
家长与孩子是共生的森林

最好的解决方案。放眼全人类，有揍孩子习俗的国家并不多，所以这显然不是通用的方法，而我对于孩子属于应该被揍才能教育好的群体也持怀疑态度。据我所见，有一些平时不挨揍的孩子对于有限的几次挨揍的原因记得很清楚；而一些不分大小事经常挨揍的孩子，反而基本没有收获，甚至发展到跟父母对立。所以揍孩子并不是一个绝对有效的方法。而且这项技能有惊人的传承能力，很多挨揍的孩子，更容易选择用揍人来解决问题，甚至自己当了父母，也会走上老路。

大多数父母动手，根本没有把教育目的放在首位，而是控制情绪失败的表现。我一直坚持一个观点：如果跟成年人交流时可以不动手，那么跟自己的孩子也可以。

当然，对于能否揍孩子，也不是非黑即白的问题，这牵扯程度和方式的问题，比如，盗窃、霸凌、暴力、性骚扰的苗头都可能出现在未成年阶段，甚至已经算是直接犯罪的行为，很多家长对此仍旧能表现出过度宽容的态度，做出"他还是个孩子"的申辩，也未见得是一件好事。

培养独立人格：每个孩子都有独自探索的欲望

曾经刷微博看到一个热搜话题，讨论家长该不该让孩子独自回家。很多人都说，现在的孩子虽然学富五车但能力很差，甚至有的孩子根本找不到回家的路。

我对"孩子独自回家"是否可以提高认路能力没有什么感想，比如我爱人小时候天天自己回家，现在出门还是要靠导航。实际上我相信家长们都不太会特意去关注认路这个能力，当代家长养个孩子操心的事太多，且轮不到讨论孩子能不能自己回家到底是多大本事。

当你看到满街都是速度赶超踏板摩托的电动车飙起，转弯时连头都舍不得摆一下，好歹装作看行人的快递三轮横飞，共享单车造就的基本上不怎么会骑自行车的人们歪歪扭扭地在路上猛蹬，你就会明白为什么在小学阶段甚至初中阶段，大多数家长都会用各种方式接送孩子。各种校外的接送班才能让家长同志们踏实放心，谁也不会拿安全问题去锻炼孩子的能力。

我只是可惜，现在的孩子没办法自己回家，真的是少了很多乐趣。

我上小学一年级时，班里就几乎没有人需要家长接送。在放学时，大家通过学校按胡同建立的路队分配，戴着小黄帽、举着"让"字牌浩浩荡荡，跟一群鸭子一样横行于街巷之中。

当年孩子放学后是完全没有任何理由在学校逗留的，课外辅导班更是绝无可能，放学就得回家——最起码是往家走。父母在这个阶段会赋予孩子们一个神圣的权利，所有双职工家庭的孩子们，都会经历妈妈把家门钥匙挂在自己脖子上的仪式。当年我在被授勋时很激动，内心涌起的使命感不亚于入队戴红领巾。

妈妈们会嘱咐孩子们钥匙绝不能摘下来，最好塞到脖领子里。

我妈曾经告诉我丢了钥匙的巨大危害——如果被人捡到，那个人会跟踪我回家，家里会被洗劫一空。

我当年比较稚嫩，相信了这样的说法，以至于日后我丢钥匙时，慌张之中还不忘记母亲的叮嘱，走三步一回头，故意穿堂、钻院、贼眉鼠眼、躲躲藏藏，不时停下来在树后暗中观察是不是有人跟踪，最终绕了三条胡同迂回到家，其间还被一老太太误认为我要偷她晾晒的白薯干。

挂在脖子上的钥匙成了当年最早流行在少年儿童间的装饰品。拥有钥匙，就有了打开家门的无上权利，这是一种身份。

若干年后，某国际珠宝首饰品牌的钥匙形项链才在身边流行起来，好多钱才能买一个挂脖子上。当年这个西方珠宝首饰品牌刚进入中国市场时一定没有想到，这种形制的装饰品已经悄然在这个神秘东方古国的少年儿童之间流行多年，我和我的小伙伴们都是走在时尚前沿的弄潮儿。

但我说的乐趣不是这个。在爸妈下班前的这段时间里，有很多事情可以做。

我刚拿到钥匙的时候，认为自己终于获得了掌控家门的最高权限，心里那份激动不能自已，第一天放学时我就招了三五个同学来家里耍。大家平时混迹在一起，如今我得了些好处，岂能不跟兄弟们分享？在外面疯的日子里，大家都没有归属感，现在哥几个仿佛有了落脚点，我更是充满了主人翁的自豪和一定要尽到地主之谊的使命感。

那天把大家领入家门，我便作了个揖，说了些我父母迎宾时说的诸如"请进请进、不要客气、随便看、随便坐、就像在自己家一样"的社会话，非常江湖。当年我们淳朴的儿童哪懂得成年人世界的虚伪和险恶，大家都回了个礼后开始四处翻箱倒柜、摸爬滚打，有人在床上滚成一团，有人卷着被子追跑打闹，有人躺在沙发上看小人书，玩得十分尽兴。

直到我妈进了门。

我们当年是八拜之交，在彼此心中都是"你妈就是我妈"那种过命的交情，我妈进门时大家虽各自以不同姿势在不同地方折腾，但在那一刻竟同时很有礼貌地齐声喊道："阿姨好！"

兄弟们声音洪亮、整齐划一、充满默契。那一刻我甭提多有面子了。

妈妈，你的儿子长大了，也有一班兄弟跟着我吃饭了，今后有事你就说，儿子为你撑起一片天！我按捺住被自己反哺感动的心，热泪盈眶。

我母亲回望着我，突然大踏步向我走来，似有千言万语要诉说。我于是也喊着"妈妈你下班了！"高兴地迎接上去，伸手去接我妈手里提的买菜兜子。兄弟们，今日大哥就做个表率，让诸位看看什么叫作母慈子孝。

我妈果然没有让我失望，走到近前，千言万语汇成了一句话："你是要造反吗？！"

那天，我母亲让兄弟们见识了什么叫真实的狂野。她首先把手里的菜兜子抡圆了拍向我的脑袋，遗憾的是菠菜、韭菜、油菜我都没赶上，那天我妈买的是大白菜，那玩意儿抡起来跟板砖是一个威力级的。

我还来不及清理头上的菜叶子，我母亲又向我挥出了八十五拳，拳拳到肉，切实地完成了把天马流星拳这种二次元高精尖技术带到现实的壮举。

就在她转身冲进厨房寻找工具，打算给兄弟们上演一出穆桂英挂帅的时候，兄弟们顺着墙根儿全溜了。

我心如死灰地站在擀面杖形成的暴风雨中，承受着生命不能承受之痛，

4 共同成长：
家长与孩子是共生的森林

明白了这个世界上没有什么"我妈就是你妈"的交情。

彼时还未有星座一说，我当年倘若有机会研修处女座的痛点和底线，恐怕不至于允许他们到床上去，这是处女座的命门。

后来很长一段时间内，我都不敢再往家招人，招了人家也不敢来，因为我母亲会使天马流星拳的消息已经传遍四野，大家都觉得为了玩会儿犯不上把命搭上。这让我很寂寞。直到家里有了彩电，我无处安放的放学时间才又有了驰骋的疆场。

在那个年代，家长虽然对孩子远不如现在看得紧，但爹妈们有一个共同的原则，就是放学看电视是绝对禁止的，就算写完了作业也不成。

不让看的理由无非是费时间和费眼睛。但孩子跑到外面去野的那种费时间的方式则是被允许的，为省电家里装一个八瓦小灯的那种费眼睛也没太大问题。现在来看，我认为主要原因是家里大人舍不得，彩电在当年正经算家里的一个大件，大人不愿意让孩子瞎碰。

我之所以会这么想，是因为除了对眼睛不好等理由外，那时为了控制彩电使用，在父母圈内还流行着一些说法，比如游戏机插上彩电玩是伤电视的，或者是彩电开时间长了容易烧，现在想起来，绝对是家长为了蒙孩子胡说出来的伪科学。若干年后，我在糊弄我儿子说 iPad 会定时关机和电视到点儿就没电了的时候更确认了这种想法。

彩电是一个划时代的发明，它让整个娱乐方式发生了巨大变化，对我们的诱惑之大实难抵御，以至于在按开开关时电视响起的嘤嘤声都足以让我们兴奋，一切理由都不能阻止我们看它。

于是，如何偷偷摸摸地看电视而不被发现，成了当年儿童的必备技能。当然爹妈也不是吃素的，在彩电上的斗智斗勇，成了当年广泛存在的亲子互动。

围绕着电视这个战场，我跟我妈进行了多番较量。

当年孩子们最早是折在电视的散热问题上。彩电的发热量巨大，开上个把小时足以产生肉体可明显感知的热度，妈妈们会首先在这个问题上下手。

最行之有效的办法自然是提前把电视关掉，留给它足够长的时间散热。但真正的战士对这种丝毫没有技术含量甚至近乎向黑恶势力低头的方法是嗤之以鼻的，在我们圈子里只有最屃的孩子才会这么做，我是要脸的人。

我跟我妈这种张良计和过墙梯的角逐是一个漫长而曲折的互有胜负的过程，而我可能要比大多数孩子更加艰辛，因为我妈是处女座，但我还是执着地坚持着。

第一阶段，我在我妈回家前关电视。
我妈通过摸电视，破案。
我妈赢。

第二阶段，我在我妈回家前关电视，用湿抹布反复擦拭电视各个部位，保证电视无热度。
我妈摸组合柜放电视那格的后壁，破案。
我妈赢。

第三阶段，我在我妈回家前关电视，用湿抹布反复擦拭电视各个部位，保证电视无热度，并把组合柜相关部位进行擦拭，保证组合柜无热度。
我妈摸电源插头，破案。
我妈赢。

第四阶段，我在我妈回家前关电视，用湿抹布反复擦拭电视各个部位，保证电视无热度，并把组合柜相关部位进行擦拭，保证组合柜无热度，再对电源插头进行擦拭，保证其无热度。

我妈通过我们家盖电视布的形态与其早上离家时不一致，破案。

我妈赢。

第五阶段，我在掀开电视布之前反复确认前后左右的长短距离，在我妈回家前关电视，用湿抹布反复擦拭电视各个部位，保证电视无热度，并把组合柜相关部位进行擦拭，保证组合柜无热度，再对电源插头进行擦拭，保证其无热度，还原电视布。

我妈通过天线角度与其早上离家时不一致，破案。

我妈赢。

第六阶段，我长志气，我不看了！

第七阶段，我在掀开电视布之前反复确认前后左右的长短距离，记住天线的位置，在我妈回家前关电视，用湿抹布反复擦拭电视各个部位，保证电视无热度，并把组合柜进行擦拭，保证组合柜无热度，再对电源插头进行擦拭，保证其无热度，还原盖电视布，还原天线位置。

我妈看了一圈转去厨房，通过摸抹布破案。

我妈赢。

第八阶段，我这回真就不看了！

第九阶段，我在掀开电视布之前反复确认前后左右的长短距离，记住天线的位置，在我妈回家前关电视，用湿抹布反复擦拭电视各个部位，保证电视无热度，并把组合柜进行擦拭，保证组合柜无热度，再对电源插头进行擦拭，保证其无热度，还原盖电视布，还原天线位置。所有擦拭用沾湿的手纸进行，擦完扔马桶冲掉。

说实话，这可真算是天衣无缝了，我都不能不佩服自己心思缜密，但这时已经不仅是看不看电视的问题，我的胜负欲是来自一个少年对自己尊严的维护。尊严是无价的！

我做完这些，我母亲的脚步声从楼道里传来。多年的锻炼，让我可以通过力度、频率准确辨识我妈回家的信号，我已然胸有成竹，气定神闲地等待着光辉时刻的到来。

我妈下班进门瞥见我冷静地坐于沙发之上，走到电视前看了一眼，连摸都没摸一下，冷笑着说，她早上起来盖电视时在电视上放的一根皮筋不见了。

斗争已经进入设置陷阱的阶段，太阴险了。

明儿我就把家里的皮筋都扔了！！

第十阶段，我故意消停了几天，也观察了几天，对一些在电视周围莫名其妙出现的小纸片、小线头什么的进行了统计，几天后，我动手了。开关电视前我以福尔摩斯的方法全方位、立体化地进行精确测量和细致观察，消灭了一切可以消灭的，还原了一切应该还原的，整个过程可谓惊天地泣鬼神，教科书般严谨。

我妈回来后前前后后查看了一圈，手眼并用，试图找到我的漏洞，无奈我工作过于严密，她最终毫无证据落手，只得悻悻地去厨房做饭。

这是一次振奋人心的胜利。我看到她一副不甘心的样子，忍住狂喜，控制表情，千万不可功亏一篑——在心里叉着腰仰天狂笑道：苍天不负有心人，这段日子难为自己了，辛苦是辛苦了点，曲折是曲折了点，卧薪尝胆，这一切都是值得的。

自此，我肆无忌惮地看起电视。

两个礼拜后的一天，我妈下班回家，进门就对我进行了看电视的指控。

我梗着脖子说我没看,如果说其他日子我也许还会有些微心虚,但那天是星期二,上半天课,我准备的特别充分,所以口气无比强硬。

我妈举着个单子在我眼前晃:"这个月电费可没少涨。"

出来混,迟早要还。我在那天一次性偿还了两周的量。

第十一阶段,我学会了终极大招:放学后觍着脸去别人家看。

我小小年纪就参悟了想要永久解决问题,有时候就得不要脸的人生道理。我太难了。

当年诸如此类的较量广泛存在于少年儿童和自己的爹妈之间,放学后有很多事情可以偷偷摸摸地做,这些事让孩子们快乐。事情本身也许没什么特别的,但那是一种挑战父母权威的刺激,是一种与人斗其乐无穷的快意,失过手,也有不少胜利的经验。

现在看来,胜利并不是因为我们有多聪明,更多的是得益于那个时代:家校关系并不紧密,联系全靠小本本;科技不发达,无法从技术上在源头控制,让那时的儿童在斗争中尚有获胜的机会。

现在的孩子则完全不一样,在很多方面都欠实战的环境。我儿子偷看我卧室的电视,看完连电源线都不知道拔,战斗力弱爆了。

下了学到处去疯一疯的好事就别想了;留了什么作业、发了什么卷子、学校有什么事儿,孩子人还没到家爹妈就全知道了;孩子身在何方、人在何处,手机定位显示得清清楚楚;解决偷偷摸摸看电视这类问题,一个密码就搞定了。

科技把当代孩子限制得死死的,几无翻身的可能。

我在回忆自己的那些往事时经常替当代孩子们惋惜,一天天过得怪没劲怪憋屈的。比如我儿子,他爸爸在耍心眼方面相当富有经验,不大好蒙;妈妈虽然很朴实,却是处女座,人盯人,防守做得很到位。所以在能放孩子一马的时候，我一般会选择睁一只眼闭一只眼。谁都不容易。

当然，一个时代自有它的特色，环境变了，当代儿童也有他们自己的战斗方式，他们一般选择正面刚，比如在撅自己爹妈时的稳、准、狠上，当年耍小聪明的我们也只能自叹弗如。

但不知道为什么，我仍然固执地认为，没给电视降过温的孩子，不足以谈人生。

谨慎喝鸡汤，我来刮刮油

当年的孩子在"对付"父母方面有丰富的战斗经验。在我的留言中显示，偷看电视之类的动作几乎是"全孩行为"，很多当年的孩子为确保行动安全无误，锻炼出了高超的技能，比如可以精准判断父母上楼的脚步声，甚至是楼下锁车的声音，或者在父母开门的几秒钟之内就可以完成善后和坐到书桌前的一系列动作。

当代孩子在具体行动上虽已有了一些变化，但在"背着父母偷偷摸摸做一些事"上还是一样。当你完全允许甚至表示愿意跟他一起做那些偷偷摸摸的事时你会发现，他们还会在其他时间偷偷地做，或者找一些新的事情来弥补"偷偷摸摸做事库"。

比如，看电视这件事，即便是拿出足够的时间来陪他看电视，或在你的看护下允许他尽情看，他还是会在你不在家的时候看。

这并不是孩子对看电视不满足，而是孩子在一定年龄段，开始对"独自"做一件事有了心理需求。你能陪伴他做的事，并不能抵消他在同样一件事上独自去探索的欲望。所以，即便是你给所有东西加上密码，孩子还是会发掘新事物来"偷偷摸摸地做"。这是独立人格形成的必经之路。

4 共同成长：
家长与孩子是共生的森林

　　随着孩子的成长，诸如此类的事可能会越来越多，有一些事情难免表现为对"家长权威的挑战"，但那些可能并不是对立产生的，而是孩子对独立人格、剥离附属感、行动权利的需求。家长对此不必过于紧张，毕竟你教育的目的，是让他走好他自己的人生路，而不是攥着他的手腕一直陪他走下去。

何为输赢：不是所有孩子都要跑一样的路

有一天早上送孩子上学，出门有点儿晚，路上我俩又聊到最近玩的好玩游戏，两人脚步就慢了一些。等目送他进了校门，我一看表，比平时晚了近十分钟。

我上班搭乘地铁的时间一般是固定的，我固定了，地铁一般也不会负我，到打卡时都是八点左右，前后不超过两分钟，路上，我还可以悠闲地吃个早点。

今天晚这十分钟，就差了至少两趟车，加之我中途还需要换乘两次，那可能就更晚——虽然不至于迟到，但想吃早点是没戏了。想到这儿，我加紧脚步奔赴地铁站。上了第一趟地铁，让我追回了三分钟。换乘时刚走到站台，恰逢进站一辆车，赶紧钻进车厢。下车就又加速行走。站在打卡机前时，时间显示八点整，跟往日一样。

终于松了一口气。

其实不着这急其实也没事，不但不吃早饭不算什么大事，甚至迟到个几分钟也不见得有多大问题——扣钱反正都是自己担。道理都懂，但那种紧迫感却经常因为一些小事涌出来，拦也拦不住，像三伏天的汗，不管热不热，不管你想不想热，都会冒出来，黏糊糊地粘在身上。

这急迫感的来源，跟性格有关，但恐怕还有更重要的原因。

4 共同成长：
家长与孩子是共生的森林

我在荷兰时由熟人引荐，认识了一个旅行的北京朋友，长我四岁而已，当年已经是知名的青年画家，旅居欧洲多年。

聊天时发现他对事物的看法很有见解，观察的角度也很独到，使我受益匪浅。他一直在行走着，今天跑到荷兰库肯霍夫看花田，明天到法国巴黎参观建筑，要不然就在意大利锡耶纳的田园广场喝咖啡、晒太阳。总之没事就在欧洲各地采风，让我极度羡慕。

我倒不是羡慕人家满处溜达的闲，他也不闲，一开画展卖一幅画够大多数人干半年——我当然也不是羡慕人家的钱——我羡慕的是他生活的态度和对绘画的热爱。

闲聊时说到各自的经历。我本以为他是绘画世家出身，却被告知他家里都是从事普通职业的人，当年他甚至连高中都没考上，只上了个职高。这让我很吃惊。

事实上，当年我被灌输了太多关于"档次"的意识形态，那时中学一、二、三类的区分，和现在一点儿不差，别说职高，你上个三类校都会被人说成完蛋，追是追不上的。

他说："我最感谢的就是我父亲。当年我考成那样，非常沮丧，看着同学们好赖都上了高中，早晚会进各种大学，我觉得整个人生都没了抓手，一下和别人分开了档次。但我父亲没跟我说过一句诸如此类的话，事实上他几乎从来没替我认过输。他跟我说，中考虽然很重要，但远没有达到能操控人生的地步；别说中考，高考也是。于是我才继续走下去。事实上，我这一路学画也是弯路重重，碰到了很多困难。我本来起步就晚，没有基础，也不是出身世家，我父亲，包括我全家都不能在专业上给我什么指导，但没有他，我走不到今天。"

如果在二十年前，有人这么跟我说，我恐怕要大笑着鄙视这种阿Q精神：连高考都不能决定人生？这个牛皮吹大了耶，这个葡萄太酸了吧？

而在那个午后，我为自己之前的吃惊感到羞耻。

"我一直记得我父亲说过一句话：'输不输的，你说了算。'"

朋友说起这句话，眼睛里闪着光。

我表侄，一个二十岁出头的男青年，前段时间刚刚大学毕业，入了职，刚才在微信上跟我说，他动了辞职的心。我很惊讶，这速度也太快了，于是我问他原因。

他：跟我一起入职的同批应届毕业生，专业都比我对口。

我：那你干吗干这个工作？

他：这份工作各方面条件都不错。

我：这个工作你是干不了吗？

他：不是，我觉得我肯定能干。

我：那不就得了。待遇挺好，自己又能胜任，先干干看啊。

他：可是我觉得如果到达同样的水准，我估计要比别人慢。因为人家就是学这个的。

我：慢怎么了？

他：慢我起步就输了啊。我今后上升通道肯定不如别人快啊。那我还不如找一个起点一样的，起码我不输。

我：谁告诉你你肯定会输的？

他：不用谁告诉啊，这都输在起跑线上了，还能不输吗？

我无语。

"输在起跑线上"是我们从小到大最常听到的一句话。我是孩子的时候就如雷贯耳，我带孩子的时候仍旧贯耳如雷。

我倒不是反对这经久不衰的金句。起跑线的差距，一定存在，谁要告诉你不存在，谁就是浑蛋——我不能当浑蛋，所以我也不能写毒鸡汤骗人——而且这差距当然首先就包括钱。这让很多人沮丧和无奈，于是有了"拼爹"一词，让人唏嘘。

4 共同成长：
家长与孩子是共生的森林

这几十年来，家长对这种差距已经足够重视，并相当敏感，敏感到不停地给孩子灌输"不要输啊"的思想，敏感到自己不停地要做"不能输啊"的行动，于是孩子小小年纪充满焦虑，爹妈更是经常性忧心忡忡。

实际上，这种差距远不只是钱，家长的见识、眼界也均有差别，家庭环境也各不相同，这都造成了孩子之间的差异。我们看到，优秀的家长经常归咎于自己不如别人有钱——这听起来充满无奈又符合现实——因为我没那么有钱，所以我要努力赚钱，给孩子更好的条件。于是父母忙于工作，忙于奔命，忙于给孩子更好的条件，以便他能跟别人保持同样的速度往前冲，于是缺了陪伴，少了交流，为孩子付出了所有。我承认这听起来很感人，但这却是对履行当一个合格家长的责任最大的逃避。

我们经常自责不能给孩子更好的条件，挺好的孩子，被这残酷的世界耽误了，他应该享受更多。其实，殊不知我们的狭隘已经将他们的双腿绑在画好的道路上；我们的短浅，禁锢了他们飞翔的翅膀。这些才是最大的伤害。我们连何为输赢都没想明白，就被自己的无私感动了。

我们被这差距、起跑线蒙住了眼睛，于是忽略了一件重要的事：跑可以一起跑，快慢也有差别，但谁规定所有人要跑一样的路？

我想我这挥之不去的紧迫感的来源也在于此：唯恐赶不上那班常规的车，怕因此迟到了。这种心情不好，但已经深入骨髓，难以自控。只希望我的孩子远离它。

当个称职的家长从来就不是一件"钱"可以解决的事，孩子成为怎样的人，更准确地说孩子拥有什么样的人生，有更重要的因素。恐怕对于家长来说，有比想怎么多赚钱重要得多的东西值得思考。

但我以上所说，因为没钱，所以绝没打算推己及人。

我只希望我这个当父亲的，能时刻保持冷静地跟孩子说上一句：输不输的，你说了算。

能让我的孩子不论在什么条件下，不论在什么状况中，不随便自我评判，不轻易为自己下定论，永远有追寻的动力，有保持前进的心。

哪怕等到七老八十，哪怕已经风烛残年，他若想从头做什么事情，都不会因为觉得会输在起跑线上而放弃。

因为他明白错过那趟车，也不一定会迟到。

谨慎喝鸡汤，我来刮刮油

我一直觉得父母之于孩子最重要的一个意义就是，不随便否定他。

这个世界总是能够轻易否定一个人，标准已经足够狭隘，大家对彼此都很容易就贴上简单粗暴的标签。何为成功、何为失败，怎样才是赢、怎样就是输，这种标准对很多人产生了影响，告诉人们如何生活、如何努力、如何进步，有各种各样的理由可以证明这是对的，但唯独不重视个人追求、个性和价值观是否得到实现。

在这种背景下，父母的眼界就显得格外重要。父母应该作为为孩子排除后顾之忧的后盾，告诉他们坚信自己的价值判断，并追求自己的梦想，提出在这条道路上遇到问题时的解决方案。

但现实情况是，很多家长对孩子提出了比外人还要狭隘和苛刻的要求，并不断对他进行判断和指引，否定和忽视孩子自己的价值观。父母否定孩子的价值观对于孩子来说是致命打击，以及巨大压力，与此同时，产生的是自我价值的怀疑及消极应对奋斗目标的态度。而父母替孩子选择的这条路一旦失败，亲子关系就很难不留下无法消除的裂痕。这绝不是家长的初衷。

我希望家长都能告诉孩子：输不输，你说了算。

"坏孩子"也有春天

好几个朋友曾经同时向我推荐《小欢喜》，说这部剧简直是当代亲子关系的真实写照，看了之后特别入戏，会联想起以前作为孩子时的自己和如今成为父母后的自己，当了爹妈的人肯定会爱看。于是我就断断续续看了几集。有一集是孩子学校里组织了一个畅谈会，家长和孩子背对背坐着，真诚交流，说心里话。其中有一个场景，那个善良、热情但成绩很差，最"不务正业"的叫方一凡的孩子，在畅谈会上跟自己的妈妈说："妈，你以后别对我那么凶了，我不是个坏孩子，我只是个学习不好的孩子。"

这一段让我印象深刻。

这段对白引起过热议，很多人说看到了当年的自己。还有人说，如果跟自己相比，方一凡其实已经很幸运了，他的父母对他爱得如此明显，已是大多数家庭所不能及。很多人在成长中都会遇到"学习好的别人家的孩子"，其出现之频繁令人咂舌。如果别人家的孩子恰巧住的离你很近，那么他出现的频率会更高——如果不幸他正好是你的邻居，你爸妈可以在第一时间掌握对比的第一手资料，那么你的童年简直是一出坏孩子的悲剧。"跟别人去比"的这个坎儿似乎总也过不去、逃不开、跑不掉，一张嘴就是"那谁谁"，十分令人沮丧。那个隐形的压力一直在脑袋上，你必须是你，要做你必须做的事；

而你又不能做你，你要学习那谁谁。当别人家孩子蹦出来的那一刻，我们都是坏孩子。

在传统标准中，我就是一个坏孩子。熟悉我的朋友都知道，我在写到与教师相关的文章时都不太愉快。我本人对教师绝无任何看法，我家里的亲属有好几位是教师，我只是陈述事实。我很小的时候，被我母亲带去儿研所看过病，这来自我某位老师的建议，她跟我母亲说，以我现在的表现，建议带我去医院鉴定一下是不是多动症。她苦口婆心地劝说我母亲，有病要治，早治早好。这是我后来才知道的。我当时不明白我妈带我去那里干什么，我身体没有任何不舒服，莫名其妙地被带到一个神秘建筑里，这个建筑里有一些穿白大褂、戴口罩的人走来走去，某些房间还会传来孩子的哭声。在我当年的认知体系内，我认为这里很可能是拿孩子炼丹的机构。我走在不时传来孩子哭声的楼道里，内心十分慌张，预测自己会被炼成一颗什么颜色的丹，泪眼蒙眬，并且随时准备尿裤子。当然，我并没有被诊断出多动症，并且我母亲被大夫奚落了一番："什么啊就多动症，当闹着玩呢？"当大夫说出"多动症"时，我才想起我在被老师数落的时候，经常会听到这个说法，我以为这是一种对我的揶揄，没想到这真是一种病。我当时没被诊断出什么毛病，这本应该是一件值得庆祝的事，然而我对儿研所的阴影却存留下来，以至于若干年后我带我的孩子去那里看病时——当然不是看多动症——仍然有心慌脚软的后遗症。

我想我的原罪来自学习不太灵光，这让我的很多行为染上了一层故意捣乱的色彩，并且跟品性挂钩。在我的视线里，做出同样的行为，有一些人没大事，而有一些人却需要承担严重的后果，我们之间并没有区别，我甚至在身体上更加健康灵活，足以称霸全班，我们之间唯一的区别就是成绩不太一样。比如，我记忆里有一个品学兼优的好孩子用石头子儿给别人开了瓢，老师对被打的孩子说："他不是故意的，你不要在意，今后你们还是好朋友，"还会在家长之间调节。而我跟人打架把对方脖子抠破了，不但我母亲被叫到

4 共同成长：
家长与孩子是共生的森林

学校跟我一起吃了瓜落，而且老师还告诫其他人"离他远点"。我当年的班主任显然非常不喜欢我，这种厌恶很容易被捕捉到，因为我总是挨罚，严重的时候，我在两周内的所有语文课上都要到教室后面贴墙站着。有一次我没有及时响应起立到后面站着，她眼神扫向我冷笑着说："你是不是忘了你该干什么了？不会以为事情过去了吧？"

我不光被请家长的次数冠绝，且人物众多。除了父母这种直系亲属，我大姨、小姨、表哥什么的论得上号的亲戚都被按在办公室里挨过批，这让我深深体会到了什么叫不能斩断的血缘关系：谁接过我，谁就没有好下场。我尝试过装乖献媚换取宽容，比如主动擦黑板，或者维持纪律，然而并没有什么用，只得到了"把教室弄得乌烟瘴气的"和"且轮不到你欺负同学，先把你自己管好了吧"的评价。几次之后，我只好放弃。此后我故意表现出了无所谓的态度，但我内心最大的愿望就是被肯定，一丁点儿的好评就可以让我受宠若惊，以至于在四年级换了班主任后，新班主任对我微微一笑，竟让我手舞足蹈。

前些年有一部电影叫《放牛班的春天》，让我结结实实地感动了一回。到现在为止，我看了不下十次。克莱门特·马修老师被发配到一所叫"池塘之底"的管教所当学监，管教所里都是所谓被人放弃了的坏孩子，校长以"犯错就要惩罚"的简单粗暴的方式管理他们，他们自己也放弃了自己。但马修老师来到后，一切都发生了变化。他并没有像校长那样对孩子们进行审判，而是选择用音乐来引导他们。少年莫杭治以及其他那些问题少年，终于在马修老师的合唱团里了解到每一个人都有着他自己的位置和作用，在马修老师的鼓励下，他们最终自信地微笑着唱出了天籁之音，感动了听众，他们的人生也因为歌唱而有所不同。

但可惜，马修老师并没能留在"池塘之底"，孩子们知道马修老师要被迫离开了，他们从窗户扔出歪歪扭扭写满祝福的纸飞机，漫天飞舞。每次看到这里，我都不能自已。

刚上初中时，我的学习成绩一塌糊涂，自卑极了，唯一值得骄傲的就是在音乐老师的推荐下参加了学校合唱团。训练的时间很紧张，因为要根据从外面请来的专业老师的时间随时调整，参加比赛前夕，甚至上着半截课就被叫出去集训。合唱团训练是我在这个学校最有存在感的事，我很享受训练，尤其在取得一些成绩之后，我每天更是有了盼头。那段时间我很开心，我唱着《乘着歌声的翅膀》，第一次理解了音乐和歌曲中的情绪，它们真的可以给我翅膀，给我幸福的梦。

有一次数学考试，我的分数不怎么样，数学老师在发我卷子的时候当着全班同学的面说："唱歌好有什么用，你看看你这分数，就这样你还敢课上到一半就走？别人参加合唱团，你这样也参加合唱团？"我是不配唱歌的，在那一瞬间，我建立的自信彻底崩塌。后来我退出了合唱团。这件事影响之深，远超我的想象，我以为我早就忘记了，但在看到《放牛班的春天》的坏孩子唱歌忍不住流泪时我才知道，我这个坏孩子什么都没忘。

成绩好重要吗？非常重要，绝对重要。但就像这个世界上不能人人都是艺术家一样，也并非人人都是读书的料。学习不好，并不是坏孩子。

就像《放牛班的春天》里的那些孩子，问题不是学习或者任何某种标准本身，而是我们的标准过于单一狭隘，我们太容易给一个孩子定性，把他们划入坏孩子的行列，并据此决定如何对待他们，以至于无法看到这标准之外的任何美好和可能。

但这个世界，也总有这些"坏孩子"的出路吧。

共同成长：
家长与孩子是共生的森林

谨慎喝鸡汤，我来刮刮油

亲子之间的矛盾冲突的最大来源之一就在于家长对孩子的判断标准过于简单，对孩子好坏的评审标准太过单一，对孩子能力的辨别标准过于狭隘。标准过于单一的问题，学校教育解决不了。比如，很多老师教学任务繁重，所以他们所认定的"什么是好学生，什么不算好学生"这一标准就难免简单，他们为保证整体教育环境和进度，没有精力去对每一个孩子进行精准指导，只好套用一些规则去管理。但家长也来跟着学那一套，就不太对路。因为孩子是你的孩子。每个人都不完美，都有能力所限，家长如果按照完美标准或者十几个孩子都能达到的标准去教育自己的孩子，那家里可能永无宁日了。

修正缺点固然重要，然而发现优点，发现自己孩子的能力所在——即便是这种能力不在主流认同标准之内——才是家长更应关注和承担的责任。

推己不及人：你对孩子的宠爱，要先分清范围

现在的熊孩子好像格外多。

我经常能从各种途径看到有关熊孩子的消息，熊的程度令人发指。我不免暗自思考：为什么现在的熊孩子比例如此之高？倘若不是基因自带——以我对当前基因学的微末了解，熊的基因大抵还是只存在于熊科类动物身上，我绝不相信中国孩童天生自带这种令人不快的基因——那么必然是有什么原因导致了这种情况发生。

某一日，我乘坐地铁下班，有一个小胖子从座位上站起，走到车厢中间的扶杆旁锻炼起身体来。他用手握住扶杆，以极快的速度做离心运动，气质酷似一枚陀螺。他的母亲——我认为那应该是他的母亲，因为她腿上放着一个书包——坐在那里笑眯眯地欣赏着她的孩子扮演陀螺。

我对扮演陀螺绝对没有任何偏见，这是人家的自由——我曾经在我女儿的要求下把秋裤套在头上扮演过一只耳——只是这个陀螺把自己甩起来后难免控制不住身体，我被他狠狠地撞了几下。他并不瘦，我又人近中年，腰不太好，对这种规模的冲击不太能扛住，挨了几下之后，只好皱着眉头躲到一边。就在我找到不至于被攻击到的地方站好后，我看到那个孩子的母亲狠狠

地白了我一眼,眼神里带着一种愤恨。以我的推测,那母亲心里大概想的是:你见过跳钢管舞这么好的孩子吗?就算他碰了你几下,你何德何能做出这么嫌弃的表情?!我的孩子轮也轮不到你来嫌弃!

除此之外,我实在无法参透这白眼的信息。倘若不想让别人生我的气,我应该好好地站在原地再被他撞上几下,直到他转晕,或者面带笑容地做出"请享受你的舞台吧"的表情后再离开那里。

那位母亲也许把她的孩子看成是世界钢管舞冉冉升起的新星。她这种感情我是理解的,谁看自己孩子不是一朵花呢?自己珍爱的花被人嫌弃,那定然是不太好受的。就比如我,我儿子三年级跳远跳了 2.1 米,50 米随便一抬脚就跑了 7.7 秒,跳绳一分钟跳 200 多下,我认为他太牛了,今后搞不好能成为长得最帅的中国田径运动员。而我女儿什么都不会,天天致力于到处捣乱折腾,但我还是觉得她是一个仙女——仙女本来就应该除了魔法以外什么都不用会。

但我深知这些想法只能在自己脑子里过过瘾,倘若我要求别人也这么认为,并且要求人家拿出对待王俊凯和小仙女的态度来对待我的孩子,甚至接受我的孩子做出一些破坏公共秩序之事,那我就很傻了——我没有那么傻,所以我会告诉我的孩子们什么事是不可以做的。

很多家长具有敝帚自珍的"美德"——"美德"二字我加了引号,是因为这个词被很多人专门用来形容一个人勤俭节约,但其实这个"敝"字并不是谦虚,这扫帚是真破烂儿,所以它在更多语境下可用来形容一个人心里对真正的好赖标准没有谱。某些家长将其更进一步,不但要"敝帚自珍",还要"推己及人"——谁要不让推,他就生谁的气。

我在十一的时候带孩子出去玩,抱着我女儿在长达几百米的队伍中等车,时间太长,我女儿睡着了。我身边也有一位父亲抱着他儿子,后面站着孩子的妈妈。那孩子向他母亲啐唾沫玩，嘴角都是白沫子，他母亲摇着头笑嘻嘻地不时用手帮他擦着，以便他能顺利地啐出下一口。这种别人家的亲子游戏虽然怪是怪了点，但只要他没有啐到我脸上，或者不刮风，就跟我一点儿关系也没有。

可那男孩子啐得没了意思，无聊之下突然用手玩起我女儿的头发来。

在此，我首先非常坦诚地表达我的意见：一、我讨厌别人未经我或者我的孩子本人允许和我的孩子身体接触，即便那人也是孩子；二、我爱人是处女座，我妈也是处女座，两个人在我的人生中无缝地接了班，所以我自己不管什么星座也跟处女座没什么两样，我说的意思是，我嫌他脏。

当然，我不会说出来，这涉及我自己是否礼貌的问题，与对方是什么人无关。而且我认为他的家长作为成年人，理应不用等人把话说出来便可以主动阻止此种行为。

可惜那位母亲并没有，她看着她儿子快乐地摸着我女儿的头发，眼神充满爱。我只好看向这位母亲，希望用我眼神里的"不爱"表达此中含义。这位母亲回望我，对我露出了灿烂的笑容，继续宠溺地看着她儿子玩我女儿的头发。她倘若不是误解了我看她是为了表达"嘿，你儿子玩头发玩得可真好"，那么她这笑容我揣测则是"瞧，我儿子喜欢你女儿的头发，（我）孩子的天真是多么美好啊"的意思。

事实上我女儿正在睡觉，即便没有睡觉，她也断然不会让人随便摸她的头发。我只好把话说出来："您能别让他摸了吗？"不出所料，那位母亲的笑容瞬间凝固，她看到我是认真的，只好跟她儿子说："不许再摸小妹妹了哦，小妹妹醒了再跟人家玩。"语气温柔，尾音带着台湾偶像剧的腔调。她这种阻止的效果就如同刚才她给孩子擦嘴角的唾沫一样充满鼓励，果然那孩子摸得更起劲了。

那母亲转头向我继续微笑，似乎在说："你看，我管也管了，孩子的天真还真是拦不住呢！也许他天生是一个美发师吧。"我看着那只天真的脏手，忍

4 共同成长：
家长与孩子是共生的森林

无可忍之下直接对那个男孩子说："你，把你的手拿开。"我害怕他误会我也有欲拒还迎的意思，所以采用了很坚定的语气。

那位母亲惊呆了，她可能从未想过世间竟有我这种不识大体的家长，她恶狠狠地对她儿子说："别摸了！"这愤恨显然并非来自她孩子的手欠，而是来自我这个不识好歹、死乞白赖非要破坏她儿子展现天真，为阻挠她儿子成为伟大的理发师，连自己女儿的头发都不能贡献出来的恶魔。然后她拉着一家人像躲避瘟疫一样跨了两排队伍离我而去，临走前瞪了我一眼，带着浓厚的"我们还不跟你们玩了"的味道。

自从我有了孩子，便不得不出入各种孩子扎堆的场所，或者带着孩子去一些公共场所，游乐场、电影院、餐厅里、火车中、飞机上，不论作为当事人或是旁观者，敝帚自珍、推己及人的家长见得实在太多。他们认为全世界都要像亲生父母一样呵护他们的孩子，所以不太着急给孩子介绍这个世界的底线和准则，怀着这种心态，慢慢培养出一批不在乎底线的熊孩子。事实上，我相信大多数人除了对自己孩子之外，并没有那么博爱和宽容，对别人家孩子的耐心取决于与其父母有多大交情，至于陌生人之间就不要痴心妄想了。

儿童这个身份并不足以带给一个人尊严。

所以认识到这一点，即使在我心里我的孩子像天使一样美好，我也会告诫自己，要不时轻轻地扶住他们奔放的翅膀，耐心地告诉他们一些做人的道理。

谨慎喝鸡汤，我来刮刮油

有些家长总是不太把孩子当成一个人来对待。这样的家长分为两种。一种家长是他在对自己的孩子进行教育时并不把他当成一个会思考的生命体，而是自己的附属，认为孩子什么都不懂，于是在教育时带着绝对权威，既然不是一个完整的人，那自然也谈不上足够的尊重。

另外一种家长则要求其他人像他一样看待他的孩子，无论这个孩子做了什么冒犯的事、逾矩的事、超规的事，都要把他当成自己的孩子一般耐心，甚至给予足够的自由。自己不加干涉，并要求全社会各界人士都不去干涉，即便是你受到了严重的影响，也要表现出亲爹妈一样的宽容。

第二种家长糊涂的地方在于，分不清私域和公共场所。你对孩子的一切态度，不论对错，首先都要先分清楚范围。自己的孩子取得成绩都未见别人有一同高兴的冲动，更何况让别人容忍你家孩子的毛病。

蹬鼻子上脸这件事，怎么说都不太体面，但一定要做的话，也要自愿，如果这么要求别人，就显得不那么聪明。我希望各位家长都能做一个聪明的家长。

5

孩子到底在想什么

一个面具带来的惨案

事情是这样的：

我和家人在日本本州中南部地区旅游时，中南部的气温创了历史新高。天热得很，我本来没什么食欲，但我来到的这个城市的牛肉最负盛名，于是我突然就吃多了，顺便还多喝了两杯。站起来，腹中饱胀，状态微醺，于是我决定四处走一走，消食解酒。走了一会儿，天气炎热，口中干渴，我就走进了一个超市。在超市角落的一个架子上，我突然看到了一个面具。它很生动，造型逼真、材质柔软，关键是，它与大街上那些庸脂俗粉不同，它有气质，沉稳中带着一丝庄严，颇有大家闺秀的风范。我闺女看到后摘下来拿在手里，我突然脑抽了一样跟我闺女说："买了吧！"

刚买完我闺女就戴上了，当时酒劲未退，只觉得：哇，好可爱的小姑娘啊！

第二天我清醒后再看，发现这个面具很有魔性，戴在谁脸上也不如戴我闺女脸上效果卓绝，所以她认为这是她独一无二的宝贝。自从买了这个面具，我闺女就把它拴在背包上，想起来就必须戴上，只有灌甜水儿的时候才舍得摘。

5 孩子到底在想什么

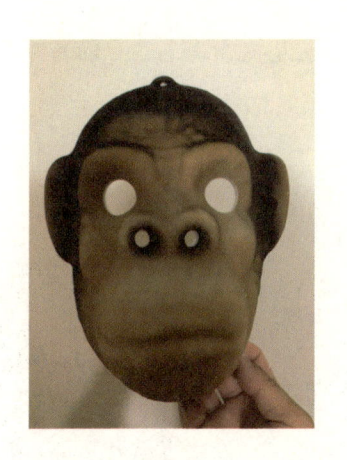

就是这个

我们在赶公交的时候,一位身体佝偻、腿脚不太利落的日本老太太站在我们后面看站牌,举止优雅。我闺女回了个头,老太太身体相当诚实地瞬间向后一跃,嗷一声惨叫道:"彼哭哩西塔!"这句话相当于"哎妈,吓死我了!"。

在火车上,她把检票员也吓了一跳,鞠躬时险些闪了腰。这绝对不是夸张的形容,作为一个闪腰爱好者,相信我,我很专业。

我们后面行程的画风全变了,本是带着漂亮闺女田园牧歌的爸爸,成了遛猩猩的饲养员。摄影爱好者经常会对莱卡系拍出来的照片这么评价:"你这照片毒,一股德味。"我独辟蹊径,买了这个面具后用所有设备拍的照片,都带着一股猴儿味。

戴上这玩意儿之后,她整个人变得特别社会,我每次一要求她摘下来,她就朝我做下图4的动作,我就没办法继续严肃,真的,心好累。

直到有一天去动物园,看到一个猴笼,里面的小猴儿十分可爱。我闺女惊喜地冲到近前去,里面有几只互相打闹的猴儿突然全体石化,眼睛直勾勾地盯着她,有一只从树杈上折了下来,还有一只的苹果从嘴里掉了出来也不敢捡。我闺女张开双臂做拥抱状表达爱意,群猴儿屁滚尿流四散而逃。她眼泪汪汪地转身问我原因，我说："你戴着这个面具冲谁张手谁都要尿裤子的。"这才劝得她摘下来，热乎劲儿总算过去了。

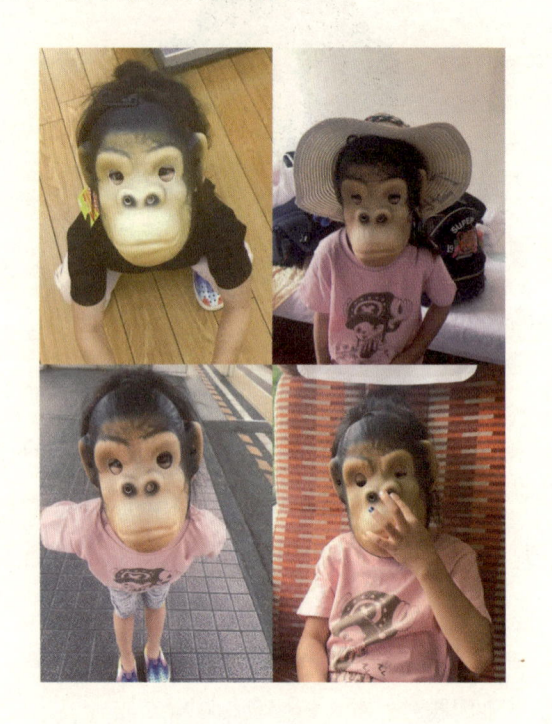

但旅途结束回到家后，她对这面具的爱又发展到了第二春，爱不释手，把玩得快出了包浆。全家人被吓得尖叫声此起彼伏，粗的、细的、高的、低的，有时还有合叫。她摸索出了相当简便但有效的使用方法，就是悄无声息地走到别人身后站住，静静等待。

截至现在，她通过这种方法已经取得了不少成绩：

成功地吓得我爱人摔了两只碗，我们后来商量把全家的餐具都换成塑料餐具一段时间；成功地在转角处引得我母亲差点儿踹翻她三次，看脚法似是失传近三十年的"我怎么生了你"脚法，这在隔辈人之间极其罕见；成功地让她姥姥掀了五盘子水果，她老人家的血压莫名其妙地升到了一百八，血压

5 孩子到底在想什么

计换了三个，但据她分析，面具不除，不足以平血压；我儿子昨天怒气冲冲地把我揪到他屋里跟我投诉："爸，你能让我妹妹下来吗？她这样盯着，我是没法补作业的！"

她见天儿戴着这玩意儿巨社会地在屋里溜达来溜达去，无人敢惹，没事就爬上高处以睥睨天下的姿态俯视我们，冷静、淡定，整个人泛着不符合她年纪的成熟。

全家人集体责怪我当初发了疯，给她买了这么个玩意儿，但其实我也很痛苦。我已经享受了至少十次强度足以导致睁眼就晕死过去的叫醒服务，视觉效果相当震撼，让我一个四十岁的小伙子经常在周末的清晨发出夜莺般的叫声，小拇指已经要翘飞了。

闺女:"爸爸,你醒醒。"
我:"嗷——"

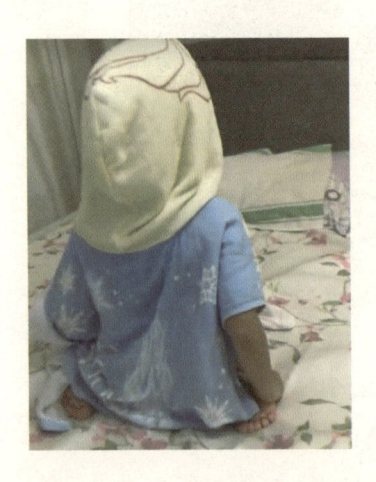

有一天我回家晚,小妞已经洗过澡开始在床上听故事,我想偷摸进去吓唬她,顺便搞个突袭亲亲,结果,我差点儿拉在裤子里。

我只想高歌一曲:"你的面具,对我沉重的审判,它是你脸上的指环。"

我把这件事发在豆瓣上,结果竟然掀起一股购买狂潮。大家纷纷表示希望拥有这个魔性面具,有说要在办公室戴的,有说不开心的时候戴上没人敢搭理的,有人说在甲方演示的时候戴上估计可以顺利通过,还有人说戴着这个再用滴滴就会踏实很多。

5 孩子到底在想什么

但怎么说呢,我觉得这事儿还是要慎重三思,因为它真的很魔性。回想起来,我不断告诫自己喝酒误事,我必须要批评你们:你们没喝,何必蹚这浑水,年轻人也要注意身体啊。

而我,只好安慰自己,自己买的玩意儿,含泪也要玩儿完。但我现在真的快玩儿完了。

成年人不要老是灵机一动和转念一想

我闺女大约在圣诞节前半个月就开始给我念秧儿:"爸爸,过圣诞节的时候是不是有圣诞老人送礼物?"

我说:"是吧。一些国家是有这个传统。"

她又问:"那他会不会送我呢?"

我说:"不好说,主要看圣诞老人的工作量,他会先送他负责的那些地区的小朋友,他送完了要是有工夫,可能会考虑往东边走走。就比如咱们国家过年破五的时候接的财神爷,他老人家日理万家,也不怎么往西边去。"

我闺女点点头,深表理解。我儿子更理解,接话说:"就是的小妹,你看财神爷是中国的吧,也没怎么来过咱家。"我想一脚把他踹出屋去。

我女儿又问:"那圣诞老人会送点什么呢?我能选选吗?"

我深沉地说:"送什么爸爸就不知道了。这事要看人家心情,不能自己选的。"

她想了想,有点遗憾:"行吧。"

圣诞老人当然不会顺着我们家防盗窗爬进来送东西,礼物是我买的,我这么胡说八道就是让她这次在礼物上少动点心思。

请不要误会,我并不是有家长霸权主义的人,主要是我在送礼物方面有点心理阴影。

早些时候我给儿子送生日礼物时用了点儿心思，从一个月前就开始准备。先是套出来他想要什么，然后制造完全买劈叉了的荒唐舆论，让他既感觉我在说谎，又不能太确定真相，对他各种试探并保持坚定而统一的口风，又继续制造了个案中案，惊喜里套着惊恐，惊恐中夹着惊喜，终于玩了一把大的。

这事干的时候爽，但最大的问题就是，这招在后面就不能再用了，所以下半年我闺女过生日的时候，我就没打算搞得太复杂，想着只要尊重她的选择，方式简单粗暴一点儿也无所谓。一是再来一次计中计搞得她哭哭啼啼也没什么意思，我也不落忍；二是她现在还没有她哥哥的那些有关心理落差的烦恼，根本无计可施——既然这样，还不如直接随着她高兴得了。

于是我直接问她过生日想要点什么，提前买下得了，她跟我说："爸爸，我想要头发长长的漂亮娃娃。"

我心说那好办，就怕她没主意，既然心愿这么精准，我二话不说买了一个芭比娃娃。这娃娃做得可好看了：金发碧眼大长腿，模样漂亮身材好，衣着华丽配件多。我看了都喜欢得不要不要的。没想到给她时她却不太满意，没一会儿就拿去跟怪兽干架去了。

我实在看不下去了，就劝她："闺女啊，这娃娃不是这么玩的。"

她说："我本来就没想要这样的娃娃。"

我说："那你想要什么样的？"

她说："头发多多。比这个多！"

我恐怕再次领会错了精神，干脆就打开淘宝叫她跟我一起选，直接是直接了些，但成功率可以大大提高。我搜了一些诸如"娃娃""长发娃娃"之类的关键词，但跳出来的东西她都不太满意，只是一直说"不是这样的娃娃""头发要多"。我正苦恼间，听我儿子搭了句话说："没准儿我妹不是要这种整个的娃娃吧？"

我突然似被神明点醒一般。

是啊，也许我一直在错误的圈子里打转转。头发多多，难道？……我灵机一动，问她："闺女，你是不是想玩梳头的游戏啊？"她听了疯狂点头。我心领神会，脑抽地搜出了那个重要的关键词："假发头"。

我以为我会搜出那种专门为了玩头发而设计出来的娃娃，就像这样：

结果手机跳出来的是一整屏美发店里用来练手的假脑袋，就像这样：

坦率地讲，这结果跟我预计的可爱的大头娃娃还是有点偏差，我正要更正一下关键词，没想到我闺女一眼就看上了。"就这个，就这个！"她指着其中一个脑袋开心地喊道，"我就要这个！"

我瞅了瞅那个脑袋的样子，直觉告诉我，这玩意儿作为玩具似乎不太合适，但我又转念一想，我怎么犯糊涂了呢，我就应该那么做呀！

首先，我很自豪，自己能够参透孩子的想法，这是一个父亲最大的幸福和成就。

5 孩子到底在想什么

其次，送礼物一定要送到孩子心里，不管这东西是否符合常规，这体现了一个父亲的睿智头脑和宽广胸怀，做家长最容易犯的错误就是强加自己的爱好和观点给孩子！

最后，这看起来不走寻常路的东西，也许就是孩子一个技能、一种爱好的表现呢？也许她今后就会作为世界顶级发型师为人类传播美呢！

作为一个父亲，我在那一刻父爱爆棚、光辉附体！

我在我女儿欢快的喊声中迅速说服了自己，满含热泪地下了单，自豪极了。

那时候我绝对想不到，这玩意儿能把我搞得像个神经病一样。

这个东西到货了，问题来了。

首先，它放在美发店里是很适合的，但拿到家里就怎么看怎么别扭。那么大一个脑袋，哪个收纳箱也放不进去，只好放在外面，但不管摆在哪儿，它直愣愣地盯着人看都十分诡异。一般来讲，我只能把这颗头扭个角度，面冲墙角放。

一进家门看到这个是挺奇怪的，不过也没什么好办法。

我闺女拿到之后就开心地玩起来，又梳头发又戴发卡，不亦乐乎。虽然看着一个小女孩抱着一个脑袋快乐地玩耍在观感上不是很符合常规，但我想：只要她开心，有什么不可以呢？父亲的责任就是让孩子快乐，谁规定快乐都得是寻常的呢？

可是她玩了一阵后开始在不寻常的道路上进一步跑偏，她不甘于只给脑袋梳梳头、扎扎小辫，她开始给脑袋化起妆来。

起初她只是给脑袋戴一些眼镜、帽子之类的。你看，这颗脑袋戴起眼镜来是不是颇有些知性美呢？是吧，我也觉得确实挺好看的，但如果你以为她一直玩得这么岁月静好就错了。事实上，我很少见到这么正常的"妆容"，因为她很快从美发行业杀入了彩妆领域，显然她并不打算为人类传播美，她走的都是这个路线：

5 孩子到底在想什么

尽管四五厘米的眼睫毛让眼睛看起来像俩敲开了盖的海胆；夸张的红脸蛋和香肠嘴让这个脑瓜显得不太机灵；一脑门子凌乱的空气刘海——这种程度绝不是空气，至少是五六级风的档次——怎么看都更像是印堂发黑，但我还是理解她的。一切都只是美得夸张了一些。

看着她用彩笔细细勾勒着脑袋的嘴唇、刘海、睫毛，我实在不忍心阻止她往西游妖精造型专业方向发展的脚步。在她给我母亲显摆的时候，我及时阻止了我母亲——以我对我母亲的了解，她老人家是一定要问"这个人是不是吃了死耗子"这种问题的。怎么能对一个未来的美妆师发出这么无情的诘问呢？虽然我也有"她是不是鼻子挨了一板砖"的疑惑。

但是后来有一次，我终于也忍不住了，因为我看到了她给脑袋卸妆的过程，她用喷壶给脑袋喷脸之后的场景，太惊悚了。

化妆是为了美颜，画到七窍流血就要赶紧去医院啊

后来，我推心置腹地找我女儿谈了一次，我说："闺女，你觉得一个人把妆化成这样，美吗？"

她也很坦白："美。"

我说："不是，这怎么会美呢？要是爸爸的脸画成这样你怎么想？"

她说："能画吗，爸爸？那我就不玩她了。"她举起水彩笔跃跃欲试。

我说："呵呵呵，爸爸就那么一问，你随便画它吧。"

不过她后来还是听了我的劝，因为她发现了其他的玩法，展现了她与时俱进的优点和喜新不厌旧的美德。比如，她在听了大闹天宫的故事之后给脑袋开了个天眼，虽然她想让我在网上给这位二郎真君配一把三尖两刃刀的要求被我拒绝了，但样貌好歹比直接画成妖精和谐一些。

5　孩子到底在想什么

我每次看见这张照片都觉得她在骂我泼猴

我本来还庆幸她这是进入了 cosplay 界，我认为按照某一种人物来画最起码有一定的套路，不至于过于花里胡哨。直到有一天，她美滋滋地举着一个新造型来找我，我看过后只好诚恳地鼓励她："闺女啊，你要是喜欢化妆还是要坚持下去啊，不如你还是画妖精吧。"

因为这个梳辫子的猩猩实在太瘆人了。

兄弟，有钱吗？拿出来。

不过我仍旧没觉得不妥，因为我女儿真的很喜欢这个脑袋，她甚至给她起了小名：小可爱。

我知道你们对这个名字可能不太认同，即便忽略这个脑袋自带的熟女气质，这颗头在多数时间展现的面貌跟可爱也是完全不沾边的。但我个人还是相当接受的，因为她的大名叫"冯起红"。

是的，我女儿给她起了个名字，叫：冯起红！

这什么鬼？！

我曾经试图解码这个"美好"名字的来历，但她身边既没有冯姓小伙伴，她本人也不是乡村类型影视作品的爱好者，所以到现在我也不知道她是怎么想的。

但这并不重要，重要的是一个玩具如果没有名字，或者是叫毛毛、宝宝、贝比这种名字，那么怎么玩都还算是比较容易接受的，一旦它有了冯起红这种风格的名字，仿佛就有了羁绊和生命。比如，你可以尝试在过家家时管 Hello Kitty 叫李春花，或者管米老鼠叫刘大栓，那么一下子就有了"世界上真有这么一个人"的感觉，这种"跟他们过日子"的感受是很独特的。

所以，她在给冯起红化妆并轻唤她的名字"起红"的时候，场景是令人难以忘怀的。

起红，你还好吗起红

5 孩子到底在想什么

当然,以上种种再怎么样也不至于让我崩溃,下面我讲讲起红是怎么让我变成神经病的。

我之前说过,起红放哪儿也放不下,只好脸朝墙放着。但她往往没这么老实,经常无故出现在其他的位置,这让我很苦恼。比如这样:

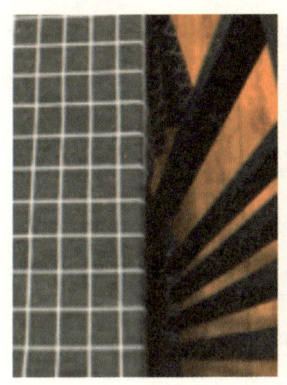

那天,我的饭碗差点儿扔了

这种程度还算好,起码是光天化日。有一回我下班比较晚,到了家,我爱人和孩子们都已经睡了。我赶紧洗了个热水澡,趁着身体暖乎赶快跑到卧室钻被窝,然后在床前我突然跳起来,并很不符合物理常识地向后飞了出去,以屁股向后平沙落雁式落地,难度系数 3.7,坐在温暖的卧室地板上瑟瑟发抖。

这只是一次场景重现，当时是不可能拍摄的，因为我的手机扔出去了。

感谢冯起红让我回到了童年，回忆起吃坏了肚子捂着屁股在胡同里往公厕狂奔的感受。

经过这件事后，我就冯起红的收纳问题向它的主人提出了抗议，此后确实消停了一阵。但没过多久又死灰复燃，起红还是时常蹦出来刷个存在感。

比如这样：

基度山起红

有一次起夜，我摸着黑走了几步，感觉脚下踢到一物，我打开手机照明，险些在厕所门口就释放了天性——那次起夜就这样变成了起床，后半夜我一直在自己的心跳声中犯愣，整个人精神极了。

5 孩子到底在想什么

后来天一黑，我在家里就带着个手电，跟打更的一样。警惕性也提高了不少，黑灯瞎火需要摸黑干点事的时候，我也养成了手上胡噜、脚下划拉的习惯，虽然人看起来傻呵呵的，但安全了不少。我爱人则认为我是《法治进行时》看多了，还有几次以为我在梦游——我不在乎，她这种凡夫俗子是不懂我的。

当然，人的潜力是无穷的，在久经考验之后，我整个人也变得淡定了许多，不论冯起红在哪儿，以何种方式拜访我，我都可以平静对待甚至有些轻松地回望她。

但有一回我还是被吓到了。

那是一个周末的晚上，我打算收拾第二天出去要带的东西，结果拉开包，冯起红静静地躺在里面，发出了死亡凝视。

来自起红的凝视

我按下汹涌澎湃的气血和膀胱，把我闺女薅过来质问。

"你这是要造反吗？！"

"我想明天带着冯起红一起出去玩。"

"不能带！"

"就带！"

"就不带！"

"带！"

"不带不带不带！"

"……带。"

"不带不带就不带！我要打死冯起红！！呜呜呜呜呜……"

这一次，我斩钉截铁；这一次，我歇斯底里；这一次，我哭得像个两百斤的傻子。

她看到我展现出了一个没有及时服药导致精神崩溃的病人的样子，露出了同情的表情，悻悻地从我包里揪出冯起红，提拉着它溜达回了屋。

我看着她提头离开的背影，精神恍惚，一时间竟然不知道我是谁、我在哪儿、我在干什么。

你们也来感受一下这种 cult 风。

5　孩子到底在想什么

我爸疯了，起红，走，咱们不理他

　　看着她拎着一个头到处溜达的样子，我欲哭无泪：我是怎么用一个礼物就让一个小公主苏菲亚变成野蛮人柯南的？而我自己又是如何被一个假脑袋整成真神经的呢？

　　想来想去，汇成一句话：

　　成年人，要相信自己的直觉，别老灵机一动和转念一想，伤身体。

我是你爸爸，你是我祖宗

我儿子有一种心理，任何爱好只要上升到学习的阶段，他就再也爱不起来。

之前他还挺喜欢看书，但最近开始兴趣索然。

上了二年级，他的语文课开始有写话的需求，我发现他对事物的描述只能写成如下的样式：

迪士尼真好玩。

这朵花真好看。

冰激凌真好吃。

我对这件事进行了深刻的思考。

当然，首先考虑到他的年龄和正处于写话的初级阶段，我并不能要求他长篇大论写出什么花来。但作为一个善于观察和思考的父亲，以我对他的了解，他的眼睛和脑子对事物的发掘绝对不止到这个程度，我必须适当地引导他避免使用这种简单粗暴、枯燥干涩的语言。这是一个父亲应该做的啊！

我内心的责任感像开锅的水蒸气瞬间蒸腾而出。

但用什么来引导，是一个值得考虑的问题。

直接告诉他一定是一个最坏的方法，非但不能引导他把他真实的所见所

5 孩子到底在想什么

想写出来，还会限制他的思想。我不能做这样一个禁锢孩子的爸爸。

我为自己的开明而微微傲娇。

我决定好好跟他谈谈。

"儿子，我看了你的写话本，有点建议，想跟你聊聊。你想听吗？"我温柔地说。

"不想。"我儿子玩着玩具头也没抬。

"那周末看电视的时候我再跟你聊吧。"我更加温柔地说。

"行，现在聊。"他放下手中的玩具，相当配合。

在温和的态度下，他果然思想转变得很快。

每个人都希望被温柔地对待。孩子也是。

"儿子你看，如果我跟你说，迪士尼真好玩，你能知道哪里好玩吗？"

"我能。"我儿子诚恳地说。

"你不能。你怎么能？哪里好玩了？"我突然意识到自己的口气有点不淡定，转而回到了温柔的轨道，"你是因为去过才说知道，你要假设没去过，那么你听了我说的，能知道哪里好玩吗？你要能知道，咱们下次就不用去了，我在家给你说说就好了。"

"不不不，绝对不能知道。"我儿子又想通了。

温柔果然还是最好的良药。

"这就对了，我们写话的目的，就是要让没有去过那里的人看到你写的话后，好像看到了你说的那个地方。"我语重心长，"你明白了吗？"

"嗯，我明白了。"

"不过你现在这样也是正常的。爸爸刚开始写作文的时候，语言也很匮乏，不知道怎么写。不过我没有灰心，我记得有一次，我为了把一朵小花的形态写清楚，趴在地上从花蕊到花瓣、茎叶，从形状到颜色，足足观察了半个小时呢！"

我儿子听得很认真。

"还有，阅读是个好办法，大量的自主阅读可以让你建立文字和写作的概念，积累足够的词汇，然后再跟自己脑子里的东西结合，不愁写不出具有自己特点的出色短句来。"

作为爸爸，干巴巴地说教不是我追求的，如果想要达到目的，让孩子听进去很重要，要用实例——最好是自己的例子——最终以鼓励结尾，再辅以一个好建议，这才是一个完整的、成功的、有成效的引导啊！

我对这次的教育颇有点得意。

这时候孩子的妈妈走过来。

"哟，爷俩聊什么呢，聊得这么热闹。"

"妈妈！"我儿子眼里闪着光。

看他兴奋的样子，我想我用心说了这么多，他一定很有心得，我甚至有点期待他对这番谈话的总结，挑着眉毛用眼神示意儿子跟妈妈谈谈感想。

"妈，你知道吗，我爸小时候不会写话，写个话用了半个小时都写不出来，还得出去现观察，你说我爸语言多匮乏啊。"

"一边待着去！"

祖宗，爸的心好累啊！

儿子的语文老师给他们每个人发了一株多肉，告诉了他们基本的培养方法，让他们定期观察并写下日记。

现在的老师都很有想法，直接让孩子写作文起步有困难，但建立于实际的事物和行为之中，则能寓教于乐，让孩子自然地写出他关心的事物，这样就会事半功倍。

今天我儿子要完成第一次日记。

他庄严地端着那小盆多肉走到书桌前，轻轻放下。

"先观察观察，然后确定你要写什么。"我冲他点点头，"记住我上回告诉你的，要让没有见过的人看了你写的文字就像看到了它一样。"

我儿子充满信心地用力点了点头，仔细观察起来。我关上门以免打扰到他。

过了大约三十分钟，他喊我，说自己写完了。

我想既然观察了这么久，一定是有所收获。我充满期待地拿起写话本。

他是这么写的：

"2016年X月X日，我的多肉。

"我的多肉是长的，是绿的。"

然后，就没有然后了。

我脑子一蒙："儿子，你观察了半个小时，就想写这些是吗？"

"对啊，我写了它的形状和颜色。应该算是写得挺清楚的。"

我飞快地思考着怎么反驳，灵机一动，拿起一支没有削的中华铅笔。

"你的多肉是长成这样吗？"

"不是啊，我的多肉长成那样啊！"他说着用手指了指花盆。

我心底有点躁："儿子，咱不是说过吗，你要假设人家没有见过，人家能来你家里看，还要你写什么呢？"

我儿子想了想："也可以拍照片，用手机给别人发过去！"

"咱现在说写日记，不说手机。"我咬着后槽牙举起铅笔，"你的多肉，是长这样吗？"

他不说话，又看了看多肉，开始写："我的多肉是长的，一边是尖的，一边是平的。"

"颜色呢？像这支铅笔吗？"我又晃了晃铅笔。

他下意识地又要去指那花盆让我自己看，手还没伸出来，被我一眼瞪了回去。

他想了想，于是接着写："尖的一边是深绿，平的一边是浅绿。"

我点点头，又拿起手边一个三四十厘米的绿色鳄鱼抱枕。

"你的多肉长得可真大呀！"

我儿子要笑，一瞅我脸色不对，开始琢磨我又要闹什么妖。

他突然从笔袋里拿出尺子，量了一下那个多肉，然后写道："它4厘米。"然后满意地把笔放下看着我，那意思是说，现在没有见过它的人也绝对可以知道它什么样了。

"你的多肉站得好直啊！"我挺了挺身子。

他抓起笔："它横着。"

于是现在这篇日记成了这样：

"2016年X月X日，我的多肉。

"我的多肉是长的，一边是尖的，一边是平的。尖的一边是深绿色，平的一边是浅绿色。它4厘米，它横着。"

虽然像法医报告描述尸体一样，但好歹比"长的、绿的"准确和具体多了。

"好，这样这株多肉基本上形态说得很清楚了，但还是不够形象，一头尖一头平的东西其实还有很多，儿子，你看看能不能说得更形象一些。"我想继续往前引导一步看看，"比如你看看它长得像什么？"

我儿子开始端详起来，片刻后他开心地说："像我玩的那把宝剑！"

"很好，儿子，很好，写到日记里！"我很庆幸刚才咬住了后槽牙没发火，才换来孩子这些进步，这其实对我自己控制情绪也是一个锻炼，科学的教育真是能让家长和孩子共同进步啊。

"好了，现在按照你们老师说的，给你的多肉起个名字，这样你今后就不用每次都叫它'我的多肉'了。"我说了半天口干舌燥，喝着水跟他说。

我儿子想了想，兴奋地喊："爸，就叫它大宝剑吧！"

噗，我一口水一滴都没有存住，从我的鼻孔中夹带着鼻涕欢快而活泼地喷射出来。

祖宗，爸的心真的好累啊！

在跟孩子的相处中，我殚精竭虑，既想树立威信，又不想仅仅流于威信，讲科学、讲道理、讲事实、编故事，战战兢兢，勤勤恳恳，生怕一个不小心就落了下风，拼了老命才成为一个不那么称职仅仅还说得过去的爸爸，但是人家，轻轻松松地就成了我祖宗，让我自叹弗如。

　　在当家长的路上，我的道行还差得远呢。

每一位有女儿的中年老父亲，都应当有变成艾莎的觉悟

　　《冰雪奇缘》第二部上映的第三天，我就带女儿去看了。那是一个休息日，外面刮起了标准的六七级西北风，足以消灭任何出门的理由，况且我在周末本应有一些事情要做。但我仍旧毫不犹豫地带着她去了电影院，因为我深知有一些事不能耽误，晚一周就可能会让我女儿游离在其他女孩的主流话题之外，成为一个被淘汰的姑娘。

　　果然如我所料，我女儿周一从幼儿园回来时兴奋地告诉我，她们班里很多女生都在这个周末如朝圣般去看了偶像艾莎。我暗自庆幸自己没有犯懒，在她们的圈子里，只能说"我喜欢艾莎"和可以精准说出"我喜欢骑着马散着发的艾莎"有截然不同的专业区别，这决定了你是否可以被纳入核心群聊体系中。

　　《冰雪奇缘》第一部上映时，我女儿还不具备看电影的生理条件，然而一点儿也不耽误她在这些年里迅速成为艾莎的死忠粉丝，她周围一众小姐妹也几乎是同样状况。艾莎人气之高，无人可敌。

　　我能意识到这一点是因为我随着女儿逐渐长大，慢慢接触女孩圈的亲眼所见。我必须要说，艾莎这个人物形象的塑造堪称迪士尼历史上最成功的角色，近十年无人能出其右。

在我们去过的几个迪士尼乐园里,艾莎是园中适龄女孩最多的造型,在"00后"女孩心目中之重远超其他任何迪士尼的女性形象。在等待花车的队伍里,十来个艾莎蹲在路边啃火鸡腿是非常常见的情景,间或出现一些诸如哇哇大哭和睡出白眼儿这种更为接地气的行为,为艾莎增添了更多的亲民气质。

通过我多年的观察体会,正如同很多妈妈为了儿子被迫研究奥特曼一样,家中有女儿的爸爸,倘若能明白得艾莎者得天下的道理,家庭地位定会一路走高。

我绝对没有在胡说八道。

艾莎已经成为很多女孩子的心理支柱。

迪士尼在创造这个人物的时候,可能没想到有一天她会成为中国当代女童教育培训界的扛把子。我这么说是有理由的。

当今在各路以女孩为主要目标对象的培训班里,最流行的奖励机制是给孩子贴贴纸,而在各种贴纸中最热门的,一般都是艾莎。如果让孩子自己选择一个最喜欢的贴纸,艾莎会是大多数人的首选,而小猪佩奇、小马宝莉,都要往后排。

很多老师都能深刻领会这一点,在购买贴纸时,一定会有艾莎,而在分配贴纸时,会首先对值得表扬的孩子推荐:"今天表现特别棒,奖励你一枚艾莎吧。"这对孩子来说是莫大的荣誉。我就在若干场合见过各种艾莎的贴纸,它们从各位老师的手里,一路贴到我家墙上。

女孩们巨吃这套,我女儿每次学完钢琴最开心的事情并不是学会了什么新的指法、琴谱和乐理知识,而是在她的小汤匙上再贴上一枚艾莎的贴纸。什么气质、情操、兴趣统统都不是理由,支撑她扛住一节课的动力是贴上艾莎贴纸时那一刻的满足。

这个事实连当代幼儿园的男童都晓得。

我女儿有一天放学回家,拿回一张艾莎的贴纸,说是班里的小男生发的,每个人都有。她告诉我，那个发贴纸的男生跟她说："男生给小汽车，女生给艾莎，错不了。"

事物发展进程就是这么快，当代儿童在某些方面进化速度惊人，威胁来得越来越早，老父亲如若还想在闺女心里多混几年，工作压力是很大的。

即便深刻了解艾莎的人气，周末的观影仍旧让我大吃一惊。在从商场门口到候影厅的路上，我就看到了四个艾莎，她们争相脱掉羽绒服，争取比别人更快一步露出里面的蓝色纱裙，表现出强烈的胜负心。

在那天北京六七级大的风中，频繁开关门的商场里也不算暖和，以我对cosplay服装的了解，那玩意儿质量奇糟无比，基本上不具备保暖功能。但平日里优雅文静的小姑娘们以一种"爱冷不冷，反正我不冷"的愣劲儿，从内到外都化身成了冰雪女王，我似乎已经看到若干年后这些小女孩成为妙龄少女，为了臭美在扛冻上巨大的战斗力。

一个外面穿了件套头毛衣的女孩在脱衣服时因为头饰挂住衣服导致脑袋在毛衣里出不来，小姑娘脑袋包在毛衣里大声责怪父亲没有经验，给她穿这种不好穿脱的衣服，耽误了自己荣登女王的步伐。还有一位艾莎在脱外裤时因为需要解鞋带不太方便，愤而把自己的鞋甩到了她爸爸脸上。

但就算脱得最快的姑娘也还是慢了，因为进了电影厅，里面已经有好几个艾莎稳坐当中了。

有一名艾莎正在往嘴里塞爆米花；另外一名正跟亲妈顶嘴说，今天的鞋为什么是雪地靴，隔壁那位可是银色小皮鞋呢；她们不远处的一位艾莎不知道是不是因为穿得少冻着了，奋力擤着鼻涕，发出了小猪佩奇般的声音；上面那排座位上的一名艾莎正在很有力度地朝身边另外一位艾莎翻着大白眼，而对方也不遑多让地翻回来，不晓得认不认识，但气氛颇有一些《甄嬛传》的微妙；一位不甘寂寞的艾莎正在大荧幕前的空地上旋转跳跃，闭着眼，接受着所有人的注视，由于过于投入，差点儿趴倒在地，幸亏被其母后薅了

5 孩子到底在想什么

回去。

我带我女儿看过若干次迪士尼动画电影，但如此之多身穿主角纱裙全力打扮只为看场电影的孩子，我还是第一次见。

"爸爸，她们是不是太夸张了？"早上起来执意要把头发梳成这样才肯出门去电影院的女儿看着她们跟我说道。

我读懂了她的意思："老爸，希望你下次注意点，这次我输得很惨好吗？"

是爸爸大意了，姑娘们的战场太凶险，我们输在起跑线上了。

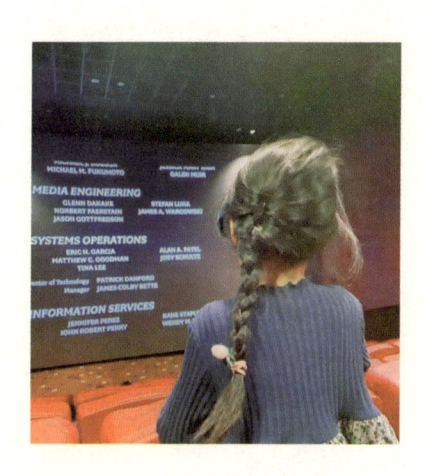

在观影时女孩子们也保持着这种热烈的情绪。

在电影里艾莎第一次出镜时，影院里就响起一片惊叹声。各位小朋友纷纷要求身边的家长也感同身受，旁边一个也就四五岁的小姑娘薅着她爸的头发说："爸爸你别看手机了！我就问你美不美！"爸爸点头如捣蒜："美美美！巨美！"一派敷衍。这位老爸显然觉悟不够高，女儿逼着自己看美女的日子是值得珍惜的。

"太美了！""太漂亮了！"各种感叹声发自肺腑、此起彼伏，可以说是本场电影中大家最志同道合的一刻。

但这种团结并没有延续很长时间，不久之后，在充满着爱、亲情、和平、友谊的气氛中，在美妙动听、温暖人心的歌曲里，我后排座位的两个小女孩为了她俩谁才是真正的艾莎激烈地互抢了起来。

当电影演到艾莎出事那一段，刚才攥着爸爸为艾莎站台的小姑娘"哦"的一声哭出来："艾——莎——啊啊——死——啦——啊啊——"

她爸赶紧安慰她："死不了死不了，你放心吧！"

他女儿："你——怎——么——知——道——嗷嗷？"

爸爸："我跟你保证她没死。真的，她且死不了呢，她必须活着！她不活过来我上后台找他们去！"

这话说得相当自信，因为这都是电影的套路，但我能看出来，这位老父亲在用浑身解数安慰自己感性的女儿，他在努力让孩子知道："如果你相信艾莎真的存在，那么我也相信。"

能尊重孩子幼稚的爸爸都是好爸爸。

果然，他的努力没有白费，他女儿停顿了片刻，旋即继续哭道："这是——电影院——哪有——后台啊！！"

看来孩子的幼稚也已经上了几个层次，靠糊弄越来越不行了。

总之，这是一场我近十年来看过的气氛最足的电影。

看完电影回了家，我女儿也没消停。

我在家中有时会担任早上唤醒女儿的职务，尤其在冬日，这个工作就越来越重要。她向我提出了新的需求，希望我可以用电影里召唤艾莎的那个声音唤醒她，要求以女性嗓音唱出那种空灵和神秘的感觉。

"不能喊得跟驴一样。"她跟我说。

第二天早上起来，当我穿着秋裤站在她卧室门口扶着门框捏起假嗓儿"啊哦啊哦"的时候，内心对自己今后的发展和走向等问题产生了一丝担心。

我的表现虽然获得了肯定，但我想，事情应该有所改变。长此以往，爸将不爸。

5 孩子到底在想什么

我翻看微博，有一条消息说，国外一位父亲亲手为女儿做了一套带机关的艾莎裙子，可以实现华丽变身的效果，姑娘穿出去到处秀，结果当然是父慈女孝。

我很羡慕他，可以用这种充满尊严的方式获得人心，但这位父亲是裁缝世家出身，据说十一岁就会做衣服。而我十一岁的时候秋衣还经常忘记塞进秋裤里，这种技能上的巨大差别我是追不上的，但意识一定要跟上，做不了衣服可以做别的，我相信对于孩子来说，爸爸的陪伴才是最重要的，只要有心，一定可以不让我在门口继续嚎了。

晚上，我闺女跳舞归来，主动找我玩。我想，机会来了。

她：" 爸爸，咱们来玩吧。玩扮演艾莎的游戏。我是艾莎，你当别的。"

我：" 好呀，那么我能为你做点什么呢？"

我想了想电影中的男性角色，艾莎慈祥的爸爸、勇敢的妹夫、正直的老将军，我觉得都可以。

我女儿说：" 艾莎想骑个马！"

噗！一口老血吐出来。

" 这个不好玩，跟骑马打仗也没有什么区别，我们得玩一些更有艾莎特色的游戏，对吗？"

真正的原因当然不是这个，以我以往的经验来看，当马对身体条件要求太高，不但毁腰，我的头发恐怕也要受一些罪。与中年人最重要的腰和发际线相比，我宁愿每天早上在门口捏着假嗓" 啊哦"。

" 那好吧，" 她一副很理解的样子，思考了片刻，" 要不然你当那个火精灵的蜥蜴吧！"

呵呵，仍旧不是人，不过好在这只蜥蜴挺可爱的，小巧机灵，水汪汪的大眼睛，关键是，没有体力活儿，只要向艾莎撒娇就成了，这已经是父权的巨大进步了。人得知足。

" 好呀好呀！" 我应和道，" 火精灵现在要做什么呢？"

"你先舔个眼睛吧。"

世事难预料。

后来,我们花了很长时间试图谈妥这件事,但我能做的她都觉得没意思,她觉得有意思的大多伤身体。最终她想了想,下定决心说:"要不然,你来当艾莎!"

你可以想象,这位少女向我让出了在她心里无比重要的角色,虽然性别有所变化,但这对于一个老父亲来说,也是足够温暖和感动的了。就冲她这一句话,我可以坚持再叫她起床半个月。

有女如此,父复何求?我热泪盈眶:"就这么定了!不变了!来吧闺女,你说怎么玩?"

然后她拿出了这个:

拿出它的那一刻,我内心产生了巨大不安

于是半个小时后,我变成了这副样子:

5 孩子到底在想什么

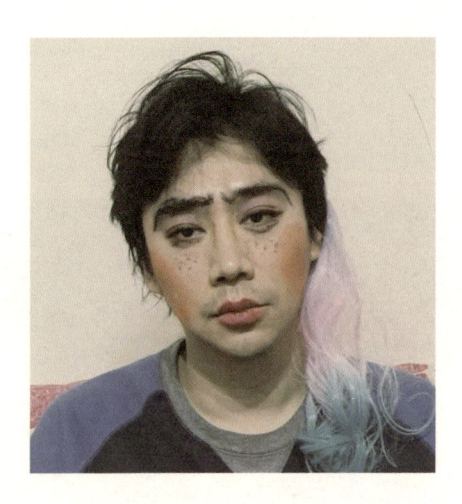

知名偶像刮莎在线，演绎生无可恋

怎么说呢，早知道当艾莎是刮痧这个效果，我可以再努把力试试去舔眼睛。此时，我也只能告诉自己事情要往好的方向想：虽然我的脸崩了，但我的人生历练又厚重了呀；虽然我又折了，但我的社会经验又丰富了呀！

我本想赶紧偷摸把脸洗掉，这种影响就不要再继续扩大了，结果本来做作业的儿子贼贼地出现在我身后，并且及时地对我的样子做出了一些点评：

我的脸是让人左右开弓扇了三十多个大嘴巴，嘴唇一看就是吃了不少死耗子——这些词汇我估计要找我妈算账——眼睛嘛无疑是让人揍青了，眉毛的走向则深刻地反映出了一个因偷吃死耗子被人抓住揍了一顿的人内心的悲哀和自我放弃。唯一没有什么槽点的是那两片大如黑痣的雀斑，以及别在我脑袋后面的辫子，那本来是小马宝莉的尾巴。

好了，我就是艾莎在国外犯事被 NYPD 逮住了的异父异母的姐妹，你们现在可以叫我哀傻。

然而事已至此，我只能继续扛下去，牺牲不能白牺牲，总要有一些回应，于是我跟女儿说："来吧，那我们继续玩吧。现在我们做什么呢？"

我女儿仔细看了看我的脸，一脸凝重地说："爸，我还是骑马吧。"

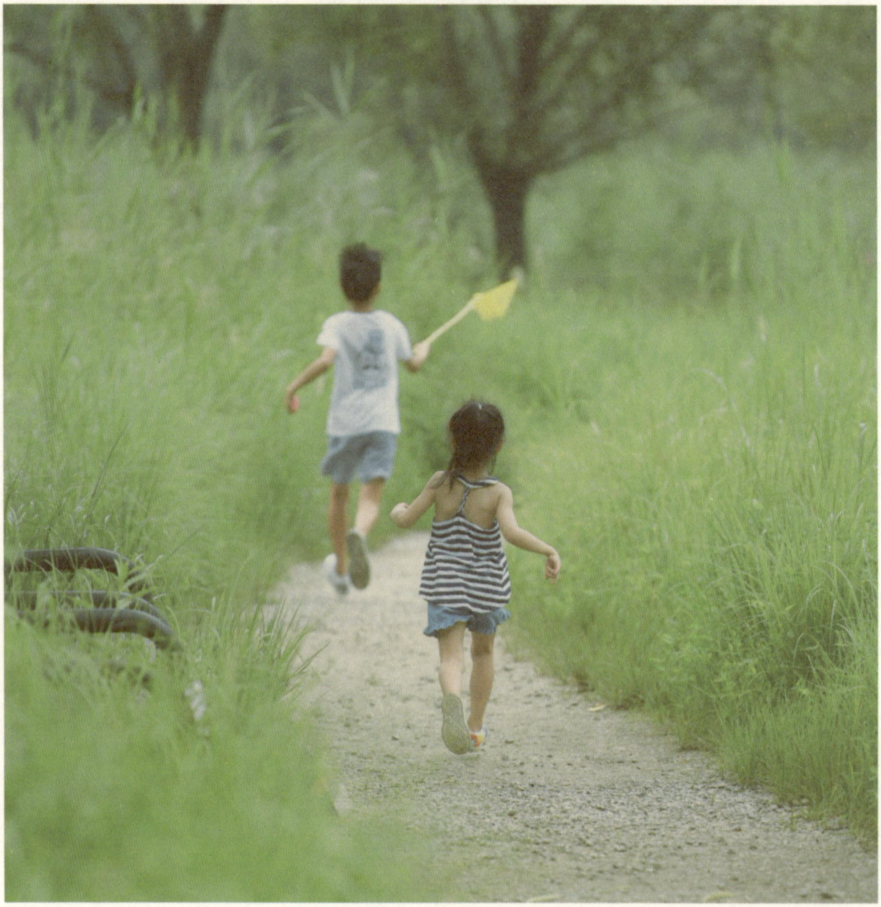

身在江湖，饱经风霜后变得圆滑的成年人，总是能够从孩子的言行中找到很多做得不够好的"错误"。"你为什么要这样做？""那样做不就没事了？"然而，对于孩子来说，这个成年人眼中的"错误"很可能已经是他极其努力的结果了。

而在看破红尘历经世事、披荆斩棘乘风破浪的成年人看起来矫情的"忍忍就得"的小事，很可能是孩子"塌下来的天"。

这是我从痛苦中获得的觉悟，也是我严格遵守的禁令：绝不用成年人的标准看待孩子的心结。

磨铁
XIRON

特约监制 _ 魏 玲 潘 良 宋美艳
责任编辑 _ 党敏博
产品经理 _ 潘明月
特约编辑 _ 孙悦久
营销编辑 _ 金 颖
封面插画 _ 焦 羔
装帧设计 _ 沐希设计

每个家长都曾经是孩子
只不过很多人都忽视了这一点

- **你的孩子独一无二**：万千教育理论总归需要一个基础，你要舍得花心思去了解自己的孩子在想什么。

- **孩子首先是一个人**：很多家庭教育面临的问题是对孩子缺乏足够的尊重。孩子首先是一个人，你不能因为他是孩子，就忽略尊重的意义。

- **做一个有趣的家长**：任何一段关系——即便是亲子之间，也要花心思去维护，好的关系不会因为你生出了这个孩子就存在。

- **你是家长，也是孩子**：时刻提醒自己也曾经是个孩子，记得自己是孩子时所感所想和所受的伤，回忆自己当年对父母的那些期待，在这种心境下，你会发现很多"坏孩子"都可以被理解，而这种理解，是解决问题的关键。

上架建议：亲子.家教
ISBN 978-7-5057-5174-3

定价：52.00元